OTTMAR FUCHS

Im Schatten der Verdammnis

Nonni – sein Weg aus kirchlicher Verengung

echter

Bibliografische Information der Deutschen Nationalbibliothek
Die Deutsche Nationalbibliothek verzeichnet diese Publikation in der Deutschen Nationalbibliografie; detaillierte bibliografische Daten sind im Internet über ‹http://dnb.d-nb.de› abrufbar.

1. Auflage 2019

www.echter.de

Umschlag: wunderlichundweigand.de
(Umschlagfoto: shutterstock)
Satz: Crossmediabureau – http://xmediabureau.de
Druck und Bindung: CPI books – Clausen & Bosse, Leck

ISBN 978-3-429-04451-0

Ottmar Fuchs

Im Schatten der Verdammnis

Nonni – sein Weg aus kirchlicher Verengung

Inhalt

Vorwort

Vielleicht mit dem Älterwerden sehnt man sich danach, Ereignisse in der Kindheit genauer zu recherchieren und mit gegenwärtigen Erfahrungen in Verbindung zu bringen. Die Sozialpsychologie nennt dies möglicherweise Resilienz, manchen kommt auch der Verdacht der Regression. Sei es, wie es sei. Ich habe das intensive Bedürfnis, diesem in meiner Kindheit geliebten Autor gerecht zu werden, was mich vor allem, zunächst unerwartet, unter der Perspektive erschüttert, wie sehr er Glaubensvorstellungen und Kirchenerfahrungen ausgesetzt war, die ich selbst „im Bauch“ habe und die ich, auch als Seelsorger, bis zum heutigen Tag wahrnehmen muss. Pater Klaus Mertes SJ hat die Problematik (in einem Interview mit Angela Krumpen im Domradio.de am 18. 11. 2018) folgendermaßen präzisiert. „Das war eine klassisch autoritäre Struktur, in der das Ganze stattgefunden hat. So eine autoritäre Struktur hat in der Regel – wenn sie in einem Orden stattfindet – natürlich auch immer noch einen religiös-ideologischen Hintergrund beziehungsweise werden hier Schlüsselbegriffe der kirchlichen Frömmigkeit und auch des Evangeliums wie beispielsweise Gehorsam, Lebenshingabe oder Kreuzesnachfolge instrumentalisiert, um eine Spiritualität zu schaffen, die am Ende autoritäre Beziehungsstrukturen legitimiert. Da herauszukommen ist eine ganz große Aufgabe. Die stellt dann aber auch die Kirche als Ganzes infrage, weil die Schlüsselbegriffe der Christenheit ... durch den Missbrauch kontaminiert worden sind .... Das ist auch eine Chance, weil es die Möglichkeit schafft, diese ganzen klassischen Begriffe noch einmal neu mit Leben zu füllen, indem man sie von ihrer Anfälligkeit für Missbrauch abgrenzt."

So denke ich, dass diese Erinnerung an „Nonni" von breiterem Interesse sein kann für Menschen, die mit ähnlichen Herausforderungen zu kämpfen haben und darin auch eine gedankliche Auseinandersetzung suchen.

Das Buch hat folgenden Aufbau:

- In der *Ouvertüre,* in der bekanntlich die Ereignisse des kommenden Musikstücks anklingen, stelle ich Person und Thema kurz vor und führe in ihre gegenseitige Verquickung ein.
- Dann folgen *sieben Stationen* bzw. Passagen des Lebens von Jón Sveinsson und wie darin jeweils das Thema Bedeutung gewinnt: die Frage, wie dieser Mensch mit den fundamentalistischen Anteilen von Glaube und den subjektverletzenden Anteilen der Kirche bzw. ihrer Institutionen und Strategien umgeht, wie er sie verschärft und gleichzeitig darunter leidet und welche Emanzipationen er erleben darf.
- Im letzten Kapitel versuche ich einige theologische *Ausblicke* zu einem religionskritisch alternativen christlichen Glauben, der auf Drohungen verzichtet, und zu Kirchen, die die Menschen in ihrer Freiheit achten und sie nicht mit Angstvorstellungen an sich zu binden versuchen: hin zu einer befreienden Botschaft, dass niemand je aus der Liebe Gottes herausfällt und dass gerade dadurch Gott nicht weichgespült wird. Denn *in* dieser unerschöpflichen Liebe wird sich ein Gericht ereignen können, das das Herz erreicht, entsprechend bewegt oder erschüttert.

Gerne hätte ich das alles mit Jón Sveinsson ausgetauscht. Ich hätte ihm vor allem das Letztere gerne gesagt. Aber nun ist er mir ohnehin voraus. In unserer künftigen Begegnung wird alles klar sein!

Das Titelbild dieses Buches führt eindrucksvoll in die Dramatik dessen ein, was hier zur Debatte steht. Das isländische Bild der Hölle ist für Nonni die ewig feuerspeiende Vulkanlandschaft, unerschöpflich brennend und qualvoll. Sie führt in eine dunkle Welt, die niemals die Morgenröte kennt und sieht, ein nie erkaltender, alles verschlingender Lavastrom (siehe unten Kap. 7.3). Ein Feuer, das nicht erhellt, sondern aus dem Dunkel kommt und in das Dunkel verschlingt. Es ist der Ort reiner Vernichtung. Es ist der religiöse Inbegriff des kosmischen „Schwarzen Loches", wo alles zugrunde geht. – Dass Menschen so etwas einem Gott zutrauen, den sie als Liebe anbeten, ist unbegreiflich! Und das Ganze wird keinen Deut besser, wenn zwar die Gläubigen gerettet, aber die nicht Dazugehörigen in die Hölle gestürzt werden.

Und darauf fällt nun der hauchdünne, fast transparente Schatten des Kreuzes. Im Gegenüber zum Inferno. Aus ihm heraustretend. Wie am Karsamstag: Christus steigt in den tiefsten Kreis der Hölle, um die Dortigen zu retten. Auch wenn alles für die infernalische Vernichtung des Kosmos spricht, hier ein Gegenzeichen, hineingesprochen in dieses Inferno: „Vater, vergib, denn sie wissen nicht, was sie tun!" (Lk 23,34). Die uns abgewandte Seite des Kreuzes bringt die Morgenröte, noch unsichtbar für uns, die wir auch hier nur die dunkle Seite davon sehen.

Welche Phantasie prägt die Wahrnehmung: ob das Kreuz in das Inferno nach unten hineingezogen wird oder ganz anders: ob es sich mit eigener Kraft nach oben davon wegbewegt in eine neue, andere Dynamik hinein? Mit seiner hellen Seite schaut es auf die Pein und nimmt ihm die Ewigkeit und die Sinnlosigkeit. So dass dieses Bild ein Gegenbild im Schnittbild mit dem Kreuz entwirft: ja, ein Feuer gibt es, aber es ist das Feuer der unerschöpflichen heißen Liebe, in der sich die Gerechtigkeit ereignet. Es ist ein Feuer, das nicht ins Dunkel führt, sondern in einen lichten Ab-Grund, an dessen Ende die Menschen eine neue Welt erwarten.[1]

Ja, welche Phantasie? Vielleicht entdeckt man einmal mit neuen Instrumenten „weißrote, lichte Löcher", wohinein alle Wirklichkeit fällt und darin nicht zerstört wird, sondern im Gegenteil darin zu einer unendlichen, nicht vorstellbaren Entfaltung in Freiheit und Liebe kommt. In einem lichten, alles überstrahlenden Tiefen-Grund des Universums.[2] Niemand weiß, was uns an Entdeckungen im unendlichen Universum noch bevorsteht, einem Universum, das in seiner Unendlichkeit geradezu als Leib des unendlichen Gottes wahrzunehmen sich aufdrängt. Wer hat uns eingeflüstert, dass Gott „nur Geist" sei? Das ist angesichts des Universums sicher zu wenig!

Wenn uns dieses denkbare „Weiße Loch" einmal, wie jetzt das „Schwarze Loch", sichtbar werden sollte, sind wir bereits gerettet! Auch die Schwarzen Löcher hat die Astrophysik längst gedacht, bevor sie eines sehen konnte. Kann vielleicht die Religion hier phantasievoll denken, voreilig genug, was einmal Wirklichkeit sein wird, ja schon längst Wirklichkeit ist? Stephen Hawking und Richard Dawkins jedenfalls wären begeistert!

Im Sci Fi Film „Interstellar" ahnt die Wissenschaftlerin Dr. Brand diese Dimension bis ins Kosmische hinein: „Ich fühle mich quer durchs Universum zu jemandem hingezogen, den ich zehn Jahre nicht gesehen habe, wohl wissend, dass er wahrscheinlich sogar tot ist. Liebe ist das einzige, was für uns spürbar ist und die Dimension von Raum und Zeit überwindet. Vielleicht sollten wir darauf vertrauen, auch wenn wir es noch nicht verstehen können."

Ohne die Ermutigung von lieben Kolleginnen und Kollegen hätte ich diese etwas ungewöhnliche Veröffentlichung nicht gewagt bzw. fertiggebracht. Vor allem danke ich Herrn Heribert Handwerk im Echter Verlag, der dieses Projekt umsichtig und solidarisch mitverfolgt und mitgetragen hat. Ich danke auch für die treue Schreibarbeit meiner ehemaligen (vor mehr als 25 Jahren) wissenschaftlichen Assistentin am Bamberger Lehrstuhl für Pastoraltheologie, Frau Dr. Barbara Körber-Hübschmann. Rolf Bechmann danke ich herzlich für die abschließende Durchsicht des Manuskripts.

Dankbar bin ich vor allem für die Freundschaft mit Sveinbjörg Pàlsdóttir und Hjróbjartur Árnason aus Hafnarfjörður sowie ihren Söhnen Kristinn und Ari für ihre großzügige Gastfreundschaft, für die zahlreichen Fahrten durch Island (auch zum Nonnahús nach Akureyri), für Begegnungen und vielfältige Gespräche. Sie haben mir Island auf ganz besondere Weise nahegebracht. Ihnen sei dieses Buch gewidmet.

Lichtenfels, Fest Christi Himmelfahrt 2019
Ottmar Fuchs

Ouvertüre: Ungewöhnliche Reise

1. Wohin und wer?

1.1 Island und ein Kind Islands

Island: Heute ist es ein Sehnsuchtswort für viele. Viele Menschen waren dort, wollen immer wieder hin und viele wollen endlich nach Island kommen! Sie wollen diese spannende Natur zwischen Feuer und Eis sehen, diese Menschen erleben, die mit viel Phantasie mit dieser Insel umgehen, wie sie „dahinter"schauen und hinter den Felsen und Pflanzen verborgene Wesen wahrnehmen und deswegen sogar, um sie nicht zu stören, Straßen um sie herumbauen.

Im Folgenden lade ich zu einem anderen Ankommen in Island ein, nämlich in der zweiten Hälfte des 19. Jahrhunderts und bei der Person, um die es hier geht. Die Menschen auf der Insel sind weitgehend arm, die Kindersterblichkeit ist hoch, es gibt lokale Ausbrüche der Lepra und für die meisten jungen Menschen gibt es kaum die Möglichkeit weitergehender Bildung. Die Städte waren, abgesehen vielleicht von Reykjavik, noch kaum entwickelt. Für die meisten war es viel zu teuer, um an weiterführende Schulen in Reykjavik und in einigen wenigen anderen Städten zu kommen. Meist mit Mühe entnehmen die Menschen der Wildheit der Insel und des Meeres das, was sie zum Leben brauchen. Manche Familien konnten nicht alle ihre Kinder ernähren und waren gezwungen, ihre oder einige ihrer Kinder über längere oder kürzere

Zeit bei bessergestellten bekannten oder verwandten Familien in Pflege zu geben.

Die Bevölkerung ist bäuerlich und arm, es gibt viel Subsistenzwirtschaft mit Schafherden. Es gibt eine ausgeprägte Erzähl- und Lesekultur. Lesegrundlage sind auf der einen Seite die alten Geschichten, Märchen, Mythen und Sagas Islands und auf der anderen Seite, gut evangelisch, die Bibel und fromme Dichtkunst, wie die Passionspsalmen des Pastors Hallgrímur Pétursson (1614–1674).

Die Glaubensverkündigung der protestantischen Pastoren begleitet die Menschen mit viel Trost und Hoffnung, vor allem über den Tod hinaus und mit der spirituellen Vorstellung, dass in Christus Gott für die Menschen gestorben ist, ihre Sündenlast trägt und dass sie in seiner Gnade unbedingt gerettet und erlöst sind. Wenigstens diese Last wird ihnen genommen. Und diese christliche Spiritualität sitzt wie das sichtbare Gebäude auf einem unsichtbaren Keller auf, in dem eine Geisterwelt von Trollen und Elfen usw. zuhause ist. Mit ihnen gutzustehen ist auch eine Form von Bewältigung von Not und Bedrängnis.

Auf diesem Island wird am 16. November 1857 der Junge Jón Stefan Sveinsson in Mödruvellir in Nordisland, 40 Kilometer nördlich von Akureyri, geboren. Er ist das vierte von insgesamt acht Kindern, von denen drei 1860 hintereinander an Diphtherie sterben. Der Vater von Nonni (so der Kosename von Jón) schreibt in sein Tagebuch, wie schmerzlich jeder dieser Abschiede für die Eltern war. Nonnis Vater, Sveinn Þórarinsson (1821–1869), ist Schreiber beim Amtmann in der Verwaltung der Ortschaft, ist also ausgebildet im professionellen Schreiben und Lesen. 1865 ziehen die Eltern mit ihren Kindern nach Akureyri, weil Sveinns Vorgesetzter dorthin zieht. Im alten Stadtteil haben sie ein kleines Holzhaus. Der Beruf des Vaters bringt kein großes Einkommen, die Familie ist arm. Besonderen Kontakt hat Nonni zu seinem jüngeren Bruder Manni, dann zu seiner älteren Schwester Bogga und später zu seinem Bruder Fridrik (1865–1943) in Kanada, den er auf seinen Reisen einige Male trifft.

Akureyri ist zur damaligen Zeit eine Hafenstadt, in der Handels- und Kriegsschiffe landen, Waren bringen und damit auch immer einen Hauch der weiten Welt. Der Fjord von Akureyri hat ein besonderes Klima, das durch die Berge und den Fjord meist etwas stabiler und wärmer ist als anderswo in Island. Dadurch gehörte die Gegend, obwohl im Norden Islands gelegen, zu einer relativ produktiven Gegend. Der Fjord war ein alter Handelsplatz. Island war von dem Handel abhängig, doch im Winter war der Hafen verlassen.[1]

Nonnis Vater kämpfte mit der damals unheilbaren Krankheit des Blasenwurms, die ihn zunehmend schwächte. Nonni kommt deshalb auch für zwei Jahre in Pflege bei einer anderen Familie, hat aber Kontakt zu seiner Herkunftsfamilie. Das verhindert aber, dass er in die Schule gehen konnte. Sein Vater versuchte alles, um ihn aus der Ferne zu unterrichten. 1869 kehrt er ins Elternhaus zurück, weil die Pflegefamilie gewechselt hatte und ihn schlecht behandelte. Kurz darauf verstarb der Vater. Für die Mutter, die bald darauf auch aus dem Haus ausziehen musste, weil es verkauft wurde, war es eine schwere Zeit, in der sie die Familie kaum erhalten konnte. Ihre Kinder gingen nach und nach weg: Nonni und Manni nach Frankreich, andere nach Kanada. Sie selbst musste schließlich 1876 nach Kanada auswandern, wo schon zwei ihrer erwachsenen Kinder lebten.

Nonni verlässt die Familie 1870, als er nach Frankreich eingeladen wird, um dort eine Ausbildung zu bekommen. Zunächst aber kommt Nonni nach Dänemark. In Kopenhagen konvertiert er aus Gründen, die später noch zu erörtern sind, zum katholischen Glauben. Nach Ende des deutsch-französischen Krieges erfolgt die Weiterreise nach Frankreich. In Amiens lebt und lernt er im Schulinternat der Jesuiten. Sein Bruder, „Manni", später auch Inhalt seiner Kinderbücher, folgte 1873. Nach dem Abitur tritt Sveinsson in den Jesuitenorden ein und studiert Philosophie in Louvain (Belgien). Von nun an studiert und arbeitet er in verschiedenen Ländern. Er wird Lehrer in Dänemark; eigentlich wollte er aber nach Island zurückkehren. Nach dem Tod seines Bruders Manni 1885 kommt er nach England, wo er in Dotton Hall, Lancashire, Theologie studiert und die Priesterweihe empfängt. Dann wird er wieder an die Schule im dänischen Ortrup geschickt. Erst 1894 kommt er zu Besuch nach Island.

Neben seinen Schulverpflichtungen arbeitet er als Missionar auf der Insel Öresund. In dieser Zeit beginnt er seine Karriere als Schriftsteller, zunächst mit Reiseberichten, dann mit seinen Kinderbüchern, die er weitgehend auf Deutsch verfasst. Sie werden auch ins Isländische übersetzt und machen ihn dort berühmt. 1930 lädt man ihn zu seiner zweiten Islandreise ein, wo er an der Tausendjahrfeier des ältesten noch existierenden Parlaments, des Althing, teilnimmt. Er wird Ehrenbürger von Akureyri. 1936 bis 1938 begibt sich Jón Sveinsson auf Weltreise, die ihn nach USA, Kanada, Asien und Japan führt. Er reist als bekannter Mann und hält viele Vorträge und Vorlesungen. Die letzten Lebensjahre verbringt er in Holland und Deutschland. Er stirbt 1944 im Luftschutzkeller des Franziskushospitals, in Tagen, in denen Köln bombardiert wurde. Nur zwei Jesuiten gehen zu seiner Beerdigung, weil Bombenalarm alle anderen abhielt.

Wer sich aufgrund seiner Kinderbücher, die in Island spielen, seinem Leben nähert, bekommt ein abenteuerlich interessantes Bild von einer Kindheit auf Island erzählt. In der Aura abenteuerlicher Bewältigbarkeit verschleiern die Erzählungen die Tatsache, dass das Leben dort schier unbewältigbar hart war. Alles aber hat die Mutter dafür getan, dass ihre Kinder ein gutes Leben und vor allem eine gute Ausbildung haben, auch wenn dies schlimme Trennungserfahrungen mit sich bringt. So gibt die Mutter ihr Einverständnis, dass Nonni das Angebot, in Frankreich aufs Gymnasium zu gehen und dort zu studieren, annimmt. So weit der „Mikrobereich“ dieser Familie im damaligen Island.

1.2 Hintergründe

Gehen wir in den „Makrobereich“, und wir sehen, wie sich dieser in der Geschichte von Nonni auswirkt und darin widerspiegelt. Die Einladung kommt aus Europa. Hier ereignet sich so etwas wie die Explosion des Kolonialismus, verbunden mit der hemmungslosen Arroganz angeblich ethischer und vernunftbezogener Überlegenheit, vor allem gegenüber dem afrikanischen Kontinent und dem darin antreffbaren „Wilden“ oder „Neger“. Wenn man etwas von diesen Gräueln des Kolonialismus erahnen will, muss man Joseph Conrads „Herz der Finsternis“ (1912) lesen. Bertrand Russel schreibt zu diesem Buch: „Von allem … bewunderte ich am meisten die furchtbare Erzählung *Herz der Finsternis*, die seine Lebensanschauung vollkommen ausdrückt: Der leidlich moralische Kulturmensch auf dem gefahrvollen Weg über eine Kruste kaum erkalteter Lava, die jeden Augenblick durchbrechen und den Unvorsichtigen in heiß lodernde Abgründe sinken lassen kann."[2] Was die weißen Kolonialherren an Verbrechen in Belgisch-Kongo verüben, ist unermesslich und spiegelt die gesamte Einstellung der „Zivilisation und ihrer barbarischen Negation durch die Gräuel des Kolonialismus"[3]. Die Verbrechen der weißen Kolonialherren thematisiert auch Stefan Zweig nach seinem Besuch bei Albert Schweitzer im Jahre 1932: „Dieser eine Mensch will für seine Person jenes ungeheure, unsagbare Unrecht sühnen, das wir Europäer, wir, die angeblich so kulturelle weiße Rasse, an dem schwarzen Erdteil seit hunderten Jahren begangen haben. Würde einmal eine wahrhafte Geschichte geschrieben werden, was die Europäer an Afrika verbrochen … haben …, dann würde eine solche historische Aufstellung eines der größten Schandbücher unserer Rasse werden und unser frech getragenes Kulturbewusstsein für Jahrzehnte zur Bescheidenheit dämpfen. Einen winzigen Teil dieser ungeheueren Schuld will nun dieser eine religiöse Mensch mit dem Einsatz seiner Person bezahlen durch die Gründung eines Missionsspitals im Urwald – endlich einer, der nicht in die Tropen geht um des Gewinns, um der Neugier willen, sondern aus reinem humanen Hilfsdienst an diesen Unglücklichsten der Unglücklichen."[4]

Dieser Kultursnobismus, nämlich durch die Aufklärung gegangen zu sein und deswegen die richtige Sicht der Dinge zu haben, spiegelt sich auch in der dazu parallel verlaufenden christlichen Missionsgeschichte; hier nochmals verstärkt durch einen Innen-außen-Fundamentalismus, der die Nicht-Dazugehörigen zu ihrem „Glück" zwingen darf (denn man will ja ihr Bestes, nämlich, dass sie getauft werden und nicht in die Hölle kommen). Zwar gibt es auch diese Einstellungen abmildernde Gegenbewegungen, aber die Dominanz eines entsprechenden Glaubenssnobismus ist unübersehbar. Diese Einstellung beginnt schon im innerchristlichen Bereich selbst, indem sich die Konfessionen gegenseitig ebenfalls der Hölle überantworten, wenn man (nicht) entsprechend konvertiert.

Das ist die Situation, die in ihrer ganzen Dynamik auf den 12-jährigen Nonni trifft. Selbstverständlich ist die Einladung nach Frankreich keine selbstlose um der freien Bildung der jungen Menschen willen, in der sie dann selber entscheiden könnten, was sie damit anfangen. Die Absicht ist eine andere, nämlich von katholischer Seite aus den „barbarischen" Protestantismus in Island dadurch zu bekämpfen, dass man Söhne Islands entsprechend ausbildet, sie Priester werden lässt, damit sie als Missionare wieder in ihr Heimatland kommen können und dort für den katholischen Glauben missionieren. Bei Jón Sveinsson gelingt dies, und die raffinierte Strategie hat Erfolg. Es ist ein Kolonialismus eigener Art, der Menschen für die eigenen Ziele instrumentalisiert. Was mich hier beschäftigt, ist: Wie erlebt Jón Sveinsson dies in den Jahrzehnten seines Lebens? Welche Ängste entwickelt er um derer willen, die aus seinem Freundeskreis und seiner Verwandtschaft nicht konvertieren? Ein Leben lang hat er Sorge darum, dass sie nicht in die Hölle kommen. Wo erlebt er Durchbrüche durch dieses Korsett einer für die Betroffenen katastrophalen Innen-außen-Beziehung? Wie „funktioniert" der Glaube bei den verschiedenen Beteiligten?[5]

Eine entscheidende Form seines Umgangs mit sich und den anderen sowie mit den damit verbundenen Lebensherausforderungen war Sveinssons besondere Fähigkeit zu schreiben, vor allem Reiseerzählungen und Kindheitsgeschichten. Interessant ist dabei, dass man ihn zu den romantischen Autoren Islands zählt, weil er in den Nonni-Geschichten ein nicht ganz, aber doch ziemlich anderes Islandbild zeichnet, ein durchaus romantisches, indem sich der Junge als Held bewähren kann und indem er alle Probleme bewältigt, in der Natur genauso wie mit Menschen. Es ist zwar keine heile Welt, aber doch eine Welt, in der alles einen guten Ausgang findet. Und in der das Gute siegt. Nicht gerade märchenhaft, sondern durchaus realistisch, wie es auch hätte sein können, aber doch eher wie es sein könnte und nicht, wie es wirklich ist. Damit hat Jón Sveinsson in der ersten Hälfte des 20. Jahrhunderts einen enormen Erfolg, in Europa, ja fast weltweit. So verhalf er auch Island zu größerer Beachtung, so etwa im Bereich des Tourismus. Aber auch durch die Ethik, die er in seinen Büchern vertrat, und die dahinterliegende vertrauensvolle Spiritualität in seinem Gottesglauben war er wirkmächtig.

Indem ich aus inhaltlicher Perspektive auf das Schicksal von Jón Sveinsson schaue, konzentriere ich mich nicht nur auf eine Geschichte in der Vergangenheit. Denn religiösen Fundamentalismus mit ähnlichen Auswirkungen gibt es in den Religionen zuhauf, auch im Christentum. So lade ich die Leserinnen und Leser dazu ein, mich in der Begleitung von Jón Sveinsson in der Dynamik der damaligen Zeit und Herrschaftseinflüsse zu begleiten und so etwas von dem zu erfahren, was es bedeutet, darin die eigene Identität zu gestalten und Selbstachtung und Vertrauensfähigkeit aufrechtzuerhalten.

Für diejenigen, die Jón Sveinsson aus der Literatur kennen, und vor allem die, die in der Kindheit die Nonni-Bücher gelesen haben, kommt hier eine etwas andere Sicht seiner Biographie und seiner Texte zum Vorschein. Aber auch für die, die ihn noch nicht kennen, ist diese Begegnung mit ihm eine auch für unsere Zukunft helfende und aufschlussreiche Erinnerung an die schlimmen Auswirkungen religiös-fundamentalistischer Druckverhältnisse bzw. politisch kolonialistischer Zwänge.

2. Wie und warum?

2.1 Jugendlektüre

Abgesehen von den Büchern von Karl May, Herbert Kranz und anderen gehören vor allem die Nonni-Erzählungen zu meiner Kindheit. Zum ersten Mal hörte ich sie in der dritten bis vierten Grundschulklasse (ab 1953), als unser Lehrer, ein älterer Herr, zu besonderen Gelegenheiten daraus vorlas. Wahrscheinlich hat er selbst als Schüler die ersten Nonni-Publikationen der zwanziger Jahre gelesen.

Nicht viel später habe ich dann in der Erlanger Stadtbibliothek die Bücher von Jón Sveinsson nach und nach ausgeliehen und kam so vom Hören zum Lesen dieser Geschichten. Ich weiß nicht mehr, was ich damals beim Hören und bei der Lektüre für eigene Vorstellungen und Phantasien hatte, jedenfalls liebte ich diese Geschichten über alles. Übrigens verkörperte dieser Lehrer, wie ich es im Nachhinein sehe, ganz viel von dem, wie ich denke, dass Jón Sveinsson auch Repetent und Lehrer in seinen Schulen und Internaten gewesen ist. Er war geradlinig und authentisch, streng und hatte zugleich ein Herz für uns. Ich habe später immer wieder, bis zu seinem Tod, mit ihm und seiner Familie Kontakt gehabt; für die ersten Jahre des Gymnasiums hat er mir Nachhilfestunden in Latein gegeben.

Ähnliche Erinnerungen hat offensichtlich auch der Literaturkritiker Ulrich Greiner (wie ich Jahrgang 1945). Er schreibt 2005 über Nonni: „Die Erinnerungen an seine isländische Kindheit gehörten zu meinen Lieblingsbüchern, und nicht nur zu meinen. Eine lange Zeit, die von den zwanziger bis zu den sechziger Jahren reichte, war er der bekannteste Isländer. Seine Geschichten vom Forellenfischen, vom Kampf mit den Eisbären, vom gefahrvollen Ritt auf Islandpferden durch eiskalte Wildwasser, vom gerade noch abgewendeten Erfrierenstod im Schneesturm – all diese wunderbar erzählten Abenteuer haben das Islandbild einiger Generationen geprägt. Es ist mehr als hundert Jahre alt.“[6]

Die Nonni-Bücher fanden vor allem Verbreitung in Deutschland mit knapp einer Million verkaufter Exemplare, besonders in den dreißiger und vierziger Jahren, aber auch in der Nachkriegszeit der 1950er Jahre. Sie wurden in 20 (andere Quellen sprechen von 37[7]) Sprachen übersetzt und vermutlich geht die weltweite Publikation in die Auflage von ca. fünf Millionen.[8] Er veröffentlichte seine Werke unter dem Namen „Jón Svensson“, in Island allerdings in ursprünglicher Form seines Nachnamens Sveinsson. Durchgehend benutze ich diese Schreibweise aus Respekt vor der lebenslangen isländischen Identität Nonnis, auf die er immer stolz war.

Im literaturwissenschaftlichen Bewusstsein scheint Jón Sveinsson auch in Island ziemlich vergessen zu sein. So erwähnt Heinz Barüske ihn in seinem Islandführer nur im Zusammenhang von Akureyri und Umgebung, nicht aber im Kapitel über die isländische Literatur.[9] Er erwähnt allerdings, dass Sveinssons Jugendbücher insbesondere in Deutschland sehr bekannt waren und dass er Ende 1988 eine Renaissance erlebte, als Millionen von Menschen die internationale Fernsehserie „Nonni und Manni" unter der Regie des Isländers Ágúst Guðmundsson sahen.[10]

Eine Wiederbelebung der Nonni-Lektüre im größeren Stil wird es wohl nicht mehr geben. Aber vielleicht werden manche Leser und Leserinnen neugierig, einmal ein solches Nonni-Buch in die Hand zu nehmen, durchzublättern, und vielleicht können sie ja mit dem Lesen nicht mehr aufhören. Die Bücher sind noch gut im Antiquariat erhältlich, auch in einigen neueren Auflagen. Ein Blick in die entsprechenden Internetseiten gibt Informationen über Angebote im Antiquariat genauso wie über relative Neuerscheinungen, bis hinein in neuere Hörbücher.

2.2 Quellen

Wohl nie hätte ich es gewagt und wäre ich überhaupt auf die Idee gekommen, über Nonni zu schreiben. Aber dann habe ich vor wenigen Jahren in Reykjavik die große und wunderbare Biographie „Nonni. Pater Jón Sveinsson" des Historikers Gunnar F. Guðmundsson entdeckt: eine Untersuchung mit genauem kulturhistorischem Blick wie mit einem bewegenden Einfühlungsvermögen, das präzise Analysen genauso wagt wie eine sensible Vorsicht, sie zu äußern.[11] Guðmundsson erhielt dafür den isländischen Literaturpreis 2012 in der Kategorie „Sachbuch“.

Dieses Buch hat mich derart beschäftigt, ja aufgewühlt und unruhig gemacht, dass ich es nicht einfach so aus der Hand legen konnte. Irgendwie hatte ich vorher die Vorstellung, als ich noch nicht viel vom späteren Nonni wusste: dass er Jesuitenpater geworden sei, dass sich auch seine weitere Biographie zwar abwechslungsreich und abenteuerlich, aber im Einklang mit seinem Lebensglück ereignete. Diese Projektion ist mit der Lektüre von Guðmundssons Biografie gründlich zerbrochen: bei allem Glück so viel Bitterkeit und Verletzung![12] Man spürt hier durchgehend, wie alles in diesem Leben seine Schattenseiten hatte, auch die zunächst bzw. angeblich erfreulichen Ereignisse und Begegnungen.

Fast alles, worauf ich mich in meinem Buch berufe, konnte ich der Biographie von Gunnar F. Guðmundsson entnehmen. In meiner Quellennutzung verlasse ich mich ganz auf die Recherchen und das Quellenstudium des Autors.[13] Hier nur so viel: Die meisten Einsichten verdanken sich zwei unterschiedlichen Textsorten im Archiv von Jón Sveinsson: Vieles vertraut er seinem Tagebuch an. Zeitweise führt er kein eigentliches Tagebuch, sondern schreibt auf losen Blättern.[14] 1906 lässt sich Jón Sveinsson die Tagebücher seines Vaters zuschicken. Auch sein Vater hat darin dem Papier vieles von dem anvertraut, was er ansonsten kaum anderen mitteilte. Vor allem die zwischenmenschlichen Probleme in der Familie, der Ärger bei der Arbeit in der Bezirksverwaltung, die Probleme wegen der schlimmen finanziellen Engpässe, die Sorgen wegen Krankheit und viele andere Frustrationen. Das alles erschüttert Jón Sveinsson. Zumal er seinen eigenen Tagebuchblättern in ähnlicher Weise seine Probleme, Ärgernisse und Sorgen anvertraut. Allerdings mit dem Unterschied, dass er so manches davon zuerst in Briefen schreibt und diese Briefe dann in seinem Tagebuch dokumentarisch festhält. Kennzeichnend ist allerdings, dass kaum etwas davon in seinen Publikationen zum Vorschein kommt.

Die zweite Textsorte sind die Spiritualia. Dies sind die geistigen Tagebücher, in denen Sveinsson Gedanken aus Exerzitien, die er hielt, und überhaupt aus vielen anderen Texten und Lebenserfahrungen für sich aufgeschrieben hat. Diese Quellen geben oft Aufschluss über seine spirituellen Bilder und theologischen Vorstellungen.

2.3 Beweggründe

Ich beanspruche und liefere also keine eigene Quellenforschung. Mein Anliegen ist hier ein anderes. Zunächst ein persönliches, das mit meiner eigenen Kindheit und Biografie zu tun hat. In Erinnerung an meine Kindheitslektüre möchte ich diesem Autor Jón Sveinsson mit der Frage begegnen, die man als Kind noch gar nicht hatte, nämlich: Wer hat diese Geschichten geschrieben? Welche Biografie hat dieses Werk ermöglicht? Welche Rolle hat dieses Werk in der Biografie des Autors gespielt? Wie ist das Verhältnis zwischen erzählter und gelebter Wirklichkeit des Erzählers? Es geht also auch um etwas wie mein Erwachsenwerden Nonni gegenüber, indem ich mich nicht nur in der Erinnerung als Kind mit den Geschichten, sondern jetzt als Erwachsener mit seiner ganzen Biografie beschäftige.

Die weitere Intention erlebe ich darin, dass ich selbst in meiner Biografie gewissermaßen ein Kollege von Jón Sveinsson bin, zwar kein Jesuit, aber ein Weltpriester (der römisch-katholischen Kirche) mit manchmal verblüffend vergleichbaren Erfahrungen und Spiritualitäten, wie er sie erlebt. So nehme ich Sveinsson und seinen Glauben in der Wahrnehmung seiner Glaubensinhalte und seiner spirituellen Ausdrucks- und Erlebnisformen auch als Theologe wahr.[15]

Ich spüre bei Sveinsson – und das ist, was mich auch bezüglich meiner eigenen spirituellen Biografie am tiefsten bewegt – so etwas wie einen Emanzipationsprozess, etwas allgemein formuliert: von der Heilsangst zur befreienden universalen Gnade. Ein Leben lang beschäftigt ihn die Frage, ob denn diejenigen, die nicht zum katholischen Glauben konvertieren, ebenfalls in den Himmel kommen oder ob sie ewig verloren sind. Auch mir wurde in den fünfziger Jahren als Kind diese verhängnisvolle religiöse Einteilung der Welt vermittelt. Zusammen mit vielen aus meiner Generation, aber auch mit Jüngeren, steckt mir (im Kopf schon längst abgelehnt) immer noch die Angst im Bauch – weniger die, für Schuld zur Verantwortung gezogen zu werden, sondern die, allein aus der Zugehörigkeit zur Kirche (dies ist die katholische Version) oder zum Glauben (dies ist die evangelische Version) heraus entsprechend zugeteilt zu werden.

Zudem sehe ich auch so manche, wenn auch über die Zeiten entfernte Parallele zu eigenen Erfahrungen etwa hinsichtlich massiver Enttäuschungen mit kirchlichen Entscheidungsträgern, wo man doch naiverweise gehofft hatte, dass es in kirchlichen Bereichen anders als in anderen Bereichen zugehen möge. Unsere diesbezügliche Emanzipationsgeschichte ist durchaus vergleichbar, allerdings hatte ich den Vorteil eines sich wandelnden kirchlichen und theologischen Kontextes, der vor allem mit dem Zweiten Vatikanum gegeben war und ist.

Die damit verbundene herzlos rigide Moralisierung des Glaubens war auch in meiner Jugend wirksam: Ich denke mit Schaudern daran zurück, wie ich einen Schulkameraden in der Mittelstufe des Gymnasiums danach gefragt habe, ob der Vater eines Mitschülers tatsächlich „Selbstmord“ begangen hat. Durchaus mit der Unterstellung, dass er ja damit nach kirchlicher Lehre doch wohl verdammt sei.[16] Mein Schulkamerad war offensichtlich sehr erschrocken darüber und hat mich dahingehend aufgeklärt, dass dahinter eine Depression stehe, wofür der Vater gar nichts könne. Es sei eben eine Krankheit, die zum Tode führen könne. Ich weiß nicht mehr, ob mich das damals überzeugt hat, wahrscheinlich schon etwas, weil ja zu einer Todsünde der freie Wille nötig ist. Ich habe jedenfalls nicht mehr von Selbstmord gesprochen. Aber das theologische System war damit nicht infrage gestellt, denn hätte er sich in aller Freiheit das Leben genommen, wäre er danach auf jeden Fall in die Hölle gekommen. So war damals mein Heilsglaube, mit der relativen Sicherheit, selbst im Heil zu sein, weil ich ja (eingebildetermaßen!) nie auf die Idee käme, so etwas zu tun.

In Erinnerung daran muss ich Christa Wolf recht geben: „Wer Hand an seine Kindheit legt, sollte nicht hoffen, zügig voranzukommen.“[17] Denn: „Kein Mensch kann den Wirkungen entgehen oder sich von den Einflüssen trennen, die von seiner Kindheit und Jugend her in sein späteres Leben dringen, auch und gerade, wenn diese Kindheit unter Einflüssen stand und Verhaltensweisen in ihm erzeugt hat, die er am liebsten vergessen und leugnen möchte, zuerst vor sich selbst.“[18]

Mein Theologiestudium hat leider an der besagten Grundstruktur nicht viel verändert, auch wenn die „Ausnahmestrategien" immer ausgefeilter und ausführlicher wurden. Zum Bruch damit kam es eigentlich erst im Zusammenhang mit pastoralen Erfahrungen und den entsprechenden Diskursen und Auseinandersetzungen in der Pastoraltheologie und Dogmatik des Zweiten Vatikanums. Dies ist meine grundlegend theologische „Horizontverschmelzung", mit der ich meine Empathie für Jón Sveinsson umso schärfer erleben kann.

Es ist bewegend, wie Jón Sveinsson in seinen Texten zwischen beiden Positionen hin- und herschwankt: einmal der rigid dogmatischen, dass es eine Hölle für die Nichtdazugehörigen gibt, und dann jenen Hoffnungsschimmer, dass Gottes Barmherzigkeit letztlich größer sein müsse als diese Einteilung und dass es Gott doch auch beeindrucken müsse, wenn Menschen außerhalb der katholischen Kirche gute Menschen sind, was ihm auf der Japanreise mit 80 Jahren in besonderer Weise aufgeht.

Ich wäre Jón Sveinsson gern begegnet und hätte ihm von meinem eigenen Glauben und meiner eigenen diesbezüglichen Spiritualitätsgeschichte erzählt, vor allem von einer Gnadentheologie, in der Gott niemals mit Liebesentzug bestraft, und dass gerade das die Basis von Gericht und Himmel ist.[19] Heilsangst ist also nicht notwendig, wohl aber respektvolle Furcht vor dem, was uns im Horizont unendlicher Liebe über unser eigenes oft liebloses Leben offenbart wird.

Nicht die Biografie als solche steht also im Mittelpunkt[20] meiner Ausführungen, sondern es geht mir darum, unsere Begegnung in diesen inhaltlichen Horizont zu stellen, der mit unser beider Spiritualität und mit unserem gemeinsamen katholischen Glauben zu tun hat. Es ist die Frage nach der exklusiven oder inklusiven Bedeutung der christlichen Heilsbotschaft auf der Basis eben dieser Kirchenzugehörigkeit. Es ist dieses vitale spirituelle und theologische Interesse, das meine Wahrnehmung von Jón Sveinsson steuert. Dies hat den Vorteil, dass die theologische Frage nach Heilsbedeutung der katholischen Kirche bzw. des christlichen Glaubens nicht abstrakt, nur argumentativ oder theoretisch behandelt wird, sondern in der, so hoffe ich, achtsamen Begegnung mit Jón Sveinsson, in der aber permanent die treibende Fragestellung durchschimmert und konkrete Leuchtkraft gewinnt. Soweit ich weiß, ist diesem perspektivischen Zugang zu Jón Sveinsson bislang keine derart programmatische Publikation gewidmet.[21] Das Spannende ist also, dass dieses Thema durch die Biografie hindurch ertastet und besprochen wird. Deswegen lasse ich Sveinsson auch möglichst viel und oft aus seinen eigenen Texten heraus zu Wort kommen.

Ich bin mir der Gefahr bewusst, mit einem solchen thematischen Zugang diese Begegnung und darin Jón Sveinsson selbst für dieses Interesse zu instrumentalisieren. Ich hoffe, dass ich dieser Gefahr entkomme, vor allem dadurch, dass ich immer auch die anderen Kontexte seiner Biografie ernst nehme und nicht nur gebannt und isoliert auf das schaue, was der Fragestellung entspricht. Denn Letzteres ist immer noch eingebettet in weitere dazugehörige Zusammenhänge. Ich möchte also eher Jón Sveinsson als dem Kind Nonni begegnen, durchaus im Klaren darüber, dass ich ihm ohne Nonni nicht begegnen kann. So wird mir Sveinsson zum Repräsentanten vieler ähnlicher Glaubensbiografien, die auf dem Friedhof liegen. Man hätte ihm und Millionen von Menschen einen gnädigeren Gott gewünscht!

In diesem Buch bin ich demnach mit Pater Jón Sveinsson ein Beteiligter, ein Mitbetroffener, auch ein Mitbruder. Und meine kritischen Anteile hinsichtlich seiner Gottesbeziehungen verletzen nicht die Ebenerdigkeit meiner Begegnung[22] mit ihm, sondern sie sind Ausdruck einer correctio fraterna, einer mitbrüderlichen Ermutigung zu einer Hoffnung, die grenzenlos ist. Und es geht dabei nicht nur um ihn, sondern um die Jahrhunderte andauernde fundamentalistische Raison im Christentum, die den Menschen gar nichts anderes zu denken lehrte und erlaubte. Zu dieser Hoffnung seien auch die Leser und Leserinnen ermutigt, sich von daher erlösen zu lassen von fundamentalistischen Anteilen und Anwandlungen, in denen die Unendlichkeit Gottes zum hantierbaren Götzen gemacht wird.

In diesem Sinn geht es mir im Folgenden um den spirituellen Weg des isländischen Jesuitenpaters Jón Sveinsson, dessen 75. Todestag wir am 16. Oktober 2019 erinnern.

1. Das „glückliche" Ereignis

1. „Gesund, artig und unverdorben"

Mehr als vier Jahrzehnte nach dem Ereignis von 1870 erzählt Jón Sveinsson in dem Buch „Nonni. Erlebnisse eines jungen Isländers" (1913) dieses „Glück" seines Lebens.[1] Dabei nennt Nonni den französischen Priester Bernard Baudoin beim Namen und dass er ihn vom Hörensagen kenne. Dieser katholische Priester, den der erste apostolische Präfekt Schwedens und Norwegens, Stépan Djunkovsky, nach Island geschickt hatte, war vorher zu einem Besuch bei der Mutter Nonnis gewesen, bei dem er sie nach ihren Kindern fragte und vor allem auch mit ihr über Nonni sprach. Auf die Mutter hatte Baudoin offensichtlich einen sehr guten Eindruck gemacht.[2]

Die Mutter lässt Nonni sagen: „Herr Pastor Baudoin hat mir nun vor kurzem einen Brief geschrieben, worin er mitteilt, dass ein französischer Edelmann in der Stadt Avignon ... eine große Vorliebe für Island gefasst hat. ... So ist es sein innigster Wunsch, dass zwei isländische Knaben zu ihm nach Avignon kommen. ... Am liebsten sollen sie ungefähr zwölf Jahre alt sein, von guter Familie, gesund, artig und unverdorben, und müssen Lust und Fähigkeit zum Studieren haben."[3] Der Graf wolle also zwei isländische Knaben aufnehmen und die Kosten für die Schule in Frankreich übernehmen, auch die Reise nach Frankreich bezahlen und auch nach Beendigung der Ausbildung dafür sorgen, dass sie wieder nach Hause kommen.[4] Vom katholischen Glauben ist hier nicht die Rede.

Das Ganze läuft unter dem Vorzeichen der ermöglichten Schulausbildung. Denn die Mutter fragt Nonni, ob er Freude am Lernen habe, ob er an eine höhere Schule gehen und Student werden wolle. Auch von der Armut der Familie ist nicht die Rede. Dies ist die bildungsorientierte Sichtweise des Ereignisses. Dahinter gibt es aber die anderen, die gegenreformatorisch-missionarischen Bestrebungen.

Dafür gibt es zwar offensive, aber wenig erfolgreiche historische Vorlagen. So sammelten sich im belgischen Leuven kleinere Gruppen von Skandinaviern, die dort studierten und die „Irrlehren" des Protestantismus ablehnten. Es gab auch Phasen, in denen Jesuiten als ausländische Kaufleute verkleidet unerkannt ins Dänenreich reisten, um dort junge Männer zu beeinflussen und zur Konversion zu bewegen.[5] So riskierte ein Vetter des Vaters von Nonni namens Kristján, von dem gleichen katholischen Priester und Missionar Baudoin „Essen und Bildung dafür zu erhalten, dass er katholisch wurde"[6]. Gleichzeitig gibt es Hinweise, dass dieser Vetter dem katholischen Glauben feindlich gegenüberstand. So gab es offensichtlich in Island vereinzelt diese subversive Missionsstrategie, arme Leute mit der Aussicht auf bessere Lebensbedingungen dazu zu bewegen, sich dem katholischen Glauben zuzuwenden oder so zu tun. Sie wurden „Brotkatholiken" oder „Rice-Catholics" genannt.[7]

Im 19. Jahrhundert bekam die Strategie der Abwerbung von Knaben offensichtlich einen programmatischen Charakter, für den der Graf von Avignon in besonderer Weise steht. Graf Marie-Albéric de Foresta war nämlich selbst Jesuit, dessen ganzes Bestreben „den Ländern im Norden der Erde und dem Seelenheil ihrer Bewohner galt"[8]. Dafür hatte er auch die Unterstützung des Ordensgenerals in Rom. Er wollte Anteil daran haben, dass katholische Priester in die Länder „der Barbaren im Norden kamen und dort wieder den katholischen Glauben verbreiteten“[9]. Dahinter stand die Vorstellung, dass die nordischen Völker mit ihrer Abwendung vom katholischen Glauben auch „auf eine niedrigere Kulturstufe zurückgefallen“ seien.[10] Sein Ziel war es, wohlerzogene und fromme Jungen unter der Bedingung zum Schulbesuch einzuladen, dass sie später in dem Land, aus dem sie kamen, Missionare werden würden. Dabei nutzten sie, wie angedeutet, das soziale Grundmotiv armer Eltern, die sich für ihre Kinder eine gute schulische Ausbildung wünschten. Für solche Schüler gründete Graf Alberic eine apostolische Schule in Avignon, ein Internat, von dem aus dann auch das Gymnasium besucht werden konnte. Die meisten waren zunächst aus Frankreich selbst, aber auch aus anderen Ländern, und nun war es das besondere Motiv des Grafen, Schüler aus Island zu gewinnen. Ein ähnliches Schulinternat gab es (ab 1869) in Amiens im Nordosten Frankreichs.

Das ganze Projekt gewann Fahrt, als auch andere Priesterorden dem Beispiel folgten, „indem sie Bildungseinrichtungen gründeten, in der Hoffnung mehr Novizen für die Arbeit im Orden zu gewinnen“. Papst Pius IX. anerkannte diese Strategie durch einen vollkommenen Ablass für alle, die diese Schulen unterstützten.[11] Für die Anwerbung verdeutlichte Alberic, dass es nicht notwendig sei, dass die Jungen aus den Missionsgebieten „katholisch seien – jedenfalls nicht von Anfang an –, aber er erwarte, dass ihre Eltern der katholischen Kirche nicht feindlich gegenüberstünden“[12].

2. „Im Norden wieder den katholischen Glauben verbreiten"

Dies war durchaus eine subversive Tätigkeit auf dem Hintergrund dessen, dass es auf Island seit Jahrhunderten keine Glaubensfreiheit gab und dass die dänischen Gesetze immer noch Gültigkeit hatten. Der dänische König Christian IV. (1577–1648) hatte den Papisten den Aufenthalt im Land verboten, und wer sie unterstützte, verlor sein Erbrecht.[13] Wer bewusst Mönche, Jesuiten und katholische Priester beherbergt, solle dieselbe Strafe erleiden wie jene, die geächteten Menschen Schutz gewähren.[14] Das zeigt, wie unwahrscheinlich die erwähnte Strategie der Missionierung Islands im 19. Jahrhundert war, denn „jeder Versuch, für die katholische Kirche einzutreten, war strafbar"[15].

Dass dieses Gesetz zur Zeit Nonnis immer noch wirksam war, zeigt die Tatsache, dass der Vater des anderen isländischen Jungen, der mit Nonni nach Kopenhagen eingeladen worden war, von einem Amtmann verklagt wurde, weil er einen katholischen Priester in seinem Haus beherbergt hatte. Es war also auf Island immer noch gefährlich, katholisch zu sein.[16] Vor diesem Hintergrund versteht man, dass die Anwerbung Nonnis eine durchaus heikle Angelegenheit war. So hat auch der Vater eines anderen Jungen dieses Angebot abgelehnt, weil er fürchtete, als zu offen für die katholische Kirche zu gelten.[17] Auch Menschen, die selbst liberal in Glaubensdingen waren und mit dem katholischen Glauben weniger Probleme hatten, konnten dies kaum öffentlich zeigen.

„Es ist nicht sicher, ob Sigridur (die Mutter, O. F.) sich klar gemacht hat, was hinter der Sache steckte, als sie das Angebot des Grafen von Avignon erreichte, aber Jón Sveinsson wusste es ganz genau, als er lange nachher darüber schrieb. Doch seine Leser sollten nichts anderes glauben, als dass alles von der wunderbaren Vorsehung Gottes gelenkt war."[18] Und: „Später hat Nonni herausgefunden, wie alles vorbereitet worden war, aber da schweigt er wie ein Grab."[19] Warum eigentlich? Weil offensichtlich die eigentlichen Absichten in ewiges Schweigen gehüllt bleiben sollten.[20] Das ist verständlich, denn er wollte nicht als unfreies Objekt einer von außen zwingenden Strategie erscheinen.

Nonni wird also aus dieser Perspektive Opfer einer ganz bestimmten, durchaus offensiven Missionsstrategie. Als erzählendes „Kind" hat sich Jón Sveinsson mit dieser Eroberungsstrategie der Jesuiten im 19. Jahrhundert schwergetan. Er konnte sie nur mühsam als eigene Motivation umdefinieren und ihr Ziel als eigene Berufung verinnerlichen, nämlich dass er selbst dazu berufen sei, Island wieder für den katholischen Glauben zu gewinnen bzw. der Gegenreformation in Island Raum zu verschaffen. Seine „Gegenstrategie" war die spirituelle Rettung der Freiheit, nämlich diese Ereignisse als von Gott selbst gefügt zu erleben und zu begründen. Damit musste er sich nicht einer menschlich geplanten Außenlenkung unterwerfen, sondern ergab sich in den Willen Gottes, dessen „Pläne" nicht als Entfremdung erlebt werden müssen, sondern als die internalisierte Fügung seines eigenen Weges erlebt werden dürfen, zur der er selbst ja sagt, bei all ihrer Überraschung und Zumutung. Das Abgekartete wird zum Gefügten.

Immerhin soll Jón Sveinsson gegenüber einem späteren Mitbruder erwähnt haben, „er sei nicht begeistert gewesen, als er erfuhr, dass Jesuiten hinter der Einladung zum

Schulbesuch in Frankreich standen"[21]. Dieser Aspekt hat offensichtlich ein Leben lang in ihm genagt. Umso mehr ist in den Erzählungen dafür zu sorgen, dass kein Zweifel über seine eigene freie Entscheidung aufkommt: „Niemand sollte glauben, dass hier irdische Mächte am Werk waren; und gar nicht irgendwelche Machenschaften der Jesuiten; sondern dass alles von Gottes Hand gelenkt wurde, wie es ihm seine Mutter versichert hatte."[22]

So entkonfessionalisiert Jón Sveinsson in „Wie Nonni das Glück fand" (1934) die Bedingung des Grafen, „dass die Jungen ein aufrichtiges Verlangen haben sollten, Gott zu dienen, entweder als Ordenspriester oder als Weltpriester in einem Missionsland" durch die Forderung, „dass die Jungen aus einer guten Familie stammen sollten". Zwei weitere Bedingungen kommen nicht vor, die sich an die Eltern richten: Die Eltern sollten unterschreiben, „dass die Jungen zur apostolischen Schule gehen und Missionar werden durften, wenn sie die Berufung dazu hätten, und dass sie nicht den Wunsch haben sollten, in den Schulferien nach Hause zu kommen. Zweitens sollten die Eltern bereit sein, die Jungen zurückzunehmen, falls der Direktor der apostolischen Schule eröffnete, dass es für sie besser sei, einen weltlichen Beruf zu ergreifen."[23]

3. Abschied: „Eine plötzliche Angst bemächtigte sich meiner"

Die ganze Traurigkeit seines Lebens kommt in der Passage des Abschieds von seiner Mutter zum bewegenden Ausdruck:[24] „Und dann war es mir, wie wenn meine Seele, mein ganzes Wesen plötzlich durch eine geheimnisvolle Macht aus all diesen sonnigen Gedanken herausgerissen würde. Gleichzeitig stiegen unheimliche Schatten vor meinem Bewusstsein empor, und wie dunkle Wolken zogen drohende, schreckerregende Gedanken an meiner Seele vorüber. Eine plötzliche Angst bemächtigte sich meiner: es waren die Schattenseiten dieser großen, seltenen Angelegenheit, die sich nun auf einmal meiner Seele zeigten. ‚Mein Gott!' ertönte es in meinem Inneren, ‚wenn ich ja sage und diese lockende Einladung annehme, dann folgt aber auch daraus etwas unendlich Trauriges für mich!'"[25]

Dann bringt er das Traurige zum Ausdruck: das Verlassen der heißgeliebten Mutter, ein Verlassen, das wohl auf immer sein werde, der lieben Geschwister und des teuren Vaterlandes Island. Und er schreibt dann weiter: „Diese Gedanken senkten sich auf meine Seele nieder mit einer solchen zermalmenden Wucht, sie verursachten mir einen solchen Schmerz, dass mir sofort heiße Tränen in die Augen schossen und meine beiden Wangen herunterrollten."[26]

„Die herzergreifende und emotionale Abschiedsstunde Nonnis ist also zu einem beträchtlichen Teil die Schöpfung eines Autors, der von schmerzlicher Sehnsucht erfüllt ist, noch lange nach dem Ereignis selbst."[27] Ja, es ist wohl jene unendliche Traurigkeit, von der hier die Rede ist, die bei allem zugeschriebenen „Glück" dieser Lebenswende die Grundstimmung seines Lebens ausmacht, zumindest diese wesentlich mitbestimmt. Man hat den Eindruck, dass der damalige Verlust durch das, was danach kam und was er an Chancen brachte, nicht wettgemacht wurde. „Ja, mein Schmerz war so groß, dass ich nahe daran war, vom Stuhl aufzuspringen, meiner lieben Mutter um den Hals zu fallen und ihr, als Ergebnis all meiner Überlegungen, ein festes, unwiderrufliches Nein zuzurufen."[28] Hier kommt zumindest die Gefahr eines mit dieser Entscheidung verfehlten Lebens zum Ausdruck. Eines Lebens, das von vielem abgeschnitten ist, was dieses Leben reich gemacht hat bzw. reich gemacht hätte. Empfand er sein ganzes Leben danach als eine uneingestandene, aber zuweilen dann doch ausbrechende und beklagte Entfremdung? „Von nun an sollte ich fremd unter fremden Menschen leben." Manches spricht tatsächlich dafür.[29]

Die herzliche Beziehung zur Mutter verstärkte sich mit der zeitlichen und lokalen Entfernung von der Kindheit, als beide entfernt in anderen Ländern lebten. Sie konnte in liebevollen, schmerzvollen und reuevollen Projektionen entsprechend stark werden, so dass nun diese innige Beziehung zwischen Mutter und Sohn auch rückwirkend in die Nonni-Bücher einfließen konnte.[30] Zuweilen fällt Jón Sveinsson noch als Erwachsener, wenn er seiner Mutter schreibt, in die alte Beziehung des Kinder-Ichs zur Mutter zurück. „Ich hoffe, meine herzensliebe Mama, dass du nicht beleidigt bist, wenn ich manchmal so klein und kindlich in meinen Briefen bin. ... Oh, wie ich mich auf den glücklichen Augenblick freue, den Gott uns geben möge (wenn nicht in diesem, dann im nächsten Leben), uns nach so langer Entfernung wieder zu sehen! Das ist mein schönster Trost."[31]

Jón Sveinsson beherrscht ein Leben lang die Erinnerung an die Mutter als die „Trauer und Sehnsucht nach der guten Mutter, die Schutz und Sicherheit gewährte"[32]. Der Schmerz der langen Trennung, deren Ende nicht in Sicht ist, überträgt sich auf diesen damaligen Abschied und kommt darin in rührenden Worten zum Ausdruck. So sagt die Mutter: „Jetzt müssen wir scheiden, mein lieber Nonni. Es ist möglich, dass wir uns in diesem Leben nicht wiedersehen; aber ich hoffe, Gott wird uns einst im Himmel wieder vereinen." So übergibt sie ihn „dem Schutze Gottes. Er ist der Beschützer der Waisen; möge er dir Vater und Mutter sein." In dieser Szene eines Kinderbuches bündelt sich das ganze von der Mutter getrennte Leben des Paters.[33] Die von der Mutter nicht mehr wahrnehmbare Verantwortung wird auf Gott delegiert: Er möge nun Nonni beschützen, und Jón Sveinsson selbst verlagert das Wiedersehen in den himmlischen Bereich. Dieser Aspekt unterstreicht nicht nur die damit verbundene Hoffnung im Jenseits, sondern auch die Hoffnungslosigkeit bezüglich des Wiedersehens im Diesseits.

4. „Ihm liefen die Tränen über die Wangen"

Ein Leben lang blieb Jón Sveinsson „empfänglich für die mütterliche Fürsorge: von Frauen, die sich um ihn kümmerten, für ihn sorgten, vor allem immer wieder, wenn der Pater erschöpft oder krank in die Obhut von Schwestern kommen durfte"[34]. So spiegeln sich in seinen Erzählungen auch Erlebnisse seines späteren Lebens, die auf dem Hintergrund der vermissten Mutter eine besondere Tiefe haben. Derart gibt es eine gegenseitige Durchlässigkeit der Erfahrungen des Erwachsenen und der Erlebnisse des Kindes, die er erzählt.

Der Abschiedskummer überfällt ihn immer wieder, und es ist immer ein heiliger Augenblick, wenn er davon erzählt.[35] Jedes Mal wenn er sich bei Versammlungen vor seinen Zuhörern die Abschiedsstunde in Erinnerung rief, war es, als sei die Zeit stehengeblieben und er wieder ein zwölfjähriger Junge in den Armen seiner Mutter. „Das war ein heiliger Augenblick, und ihm liefen die Tränen über die Wangen."[36] Psychologisch dürfte es sich um ein „flashback" handeln, in dem jemand das traumatische Ereignis so erlebt, als würde es jetzt wieder geschehen. Dieses vitale Wiedererleben des erinnerten Ereignisses war schier eine sakramentale Vergegenwärtigung.[37] Das Trauma wird zur Berufung mit enormer Kraft zum (Um-)Definieren der Wirklichkeit.[38]

Dies trifft sich mit der literaturwissenschaftlichen Einsicht, dass der Mutterkult „im Geist der Neuromantik lange die isländische Kinderliteratur gekennzeichnet hat"[39]. In einer Besprechung der Nonni-Bücher ist von daher zu lesen, dass die *Erziehungsregeln* „der nordländischen Mutter Pastor Jón Sveinssons ... die Grundlage der Bücher (Sveinssons, O. F.) bilden, die von der Jugend der Völker praktisch in der ganzen Welt gelesen wurden."[40] Der Mutterkult war also mit einer ganz bestimmten Ethik verbunden. Die Mutter war ja nicht nur die liebe Mutter, die ihn herzlich liebte und die er herzlich liebte, sondern sie war auch streng. Niemals sah er sie weinen. Und verbunden mit dem Schmerz, dass sie offensichtlich den jüngeren Bruder Manni in besonderer Weise in ihr Herz geschlossen hatte, gab es in dieser Liebe so etwas wie eine Ambivalenz, die ihn ein Leben lang beschäftigte und an der er auch ein Leben lang arbeitete, auch litt. Dazu gehört auch, dass es seine Mutter sicher nicht gern gehabt hätte, wenn er aus Heimweh wieder nach Hause gekommen wäre. Sie hatte ihm selbst, so erzählt er, gesagt, dass er Heimweh bekommen werde, dass er aber nicht darauf achten, sondern es überwinden solle.[41] Der Weg zurück war ihm also von ihr selbst versperrt.

Auch seine Erzählungen lagen unter dieser Spannung von herzlicher Wärme und moralischer Strenge.[42] Dabei ist es immer wieder und bleibt es die Mutter, die Nonni ins Gewissen redet.[43] Die gute Ordnung, die von der Mutter vertreten wird, wird jeweils dadurch hergestellt, dass es einen Menschen, oft Nonni selbst, aber auch andere zutiefst und mit Tränen reut, etwas Schlimmes getan zu haben. „Wahre Reue war die Voraussetzung für die Vergebung." Dann konnte alles wieder in Ordnung kommen.[44] Die Mutter schärft ihm beispielsweise eindringlich ein: „Vor allem suche dich nie zu rächen ... Nimm die unverdienten Strafen für die ungesühnten Fehler ruhig hin ... Das wird dir Segen bringen."[45] Zu dieser Moral gehört auch die Würde aller Menschen, weder in der erzählten noch in der erzählenden Zeit des Autors eine Selbstverständlichkeit. So setzt er sich in einer Begegnung mit einer Zigeunergruppe dafür ein, dass Zigeuner „weder besser noch schlechter als andere Leute" sind.[46] Deswegen verwendet er nicht das Wort Zigeuner, sondern spricht von „braunen Menschen"[47].

Nonni fühlt sich in den Erzählungen „überaus glücklich", wenn er entsprechend den Weisungen der Mutter gehandelt hat.[48] Immer wieder sind solche Erinnerungen an die Mutter für gegenwärtiges Verhalten entscheidend: Die Mater wird tatsächlich zur wiederholten Matrix, zum „Kindheitsmuster" des ganzen Lebens.[49]

Nach dem Tod der Mutter ereignet sich bei Nonni so etwas wie eine Übertragung auf die Gottesmutter. In seinem Innern bricht das Bild der göttlichen Mutter hervor, die ihn in ihrer Milde und Weisheit mit denselben Ratschlägen und Lebensregeln ausrüstet und die er sich in der Institution aneignet, deren Erwartungen in die mütterliche Aura aufgenommen werden. Von nun an war diese „komplexe"

Mutter in seinem Herzen die Stimme des Gewissens. Die Erinnerung an sie wurde ihm immer lieber, und das merkten auch die Zuhörer. Es war, als fließe sie zusammen mit dem Bild der heiligen Maria, der Mutter Jesu, und schütze ihn unablässig mit ihren Fürbitten vor dem Thron des Allmächtigen. Der Mutterkult erreicht den Himmel.

5. Konversion: „dass er nicht zu irgendetwas gezwungen wurde"

Wegen des Krieges zwischen Frankreich und Deutschland 1870 verzögerte sich die Weiterreise von Nonni nach Frankreich. So erfolgte seine Konversion bereits in Kopenhagen (in der Ansgarkirche). Als Nonni dort in die Schule kam, „ließ er sich zum ersten Mal dazu bringen, an einem katholischen Gottesdienst teilzunehmen". Hier kommt also eine beachtliche Differenz zum Vorschein, zwischen der erzählten Begeisterung für das neue Ritual auf der einen und dieser Zögerlichkeit des Jungen auf der anderen Seite.[50] Gerade weil dahinter ein Zwang, kein aktiver, aber jener der Ausweglosigkeit, der der Nicht-Wahlmöglichkeit stand, kompensierte Nonni genau diese zwingende Situation durch eine umso größere Erzählung hinsichtlich seiner eigenen Freiheit, die er sich gegenüber dem Katholischen nahm. Bis hin zu einer Verniedlichung dieser Situation durch die lustige Geschichte, dass er die Ministranten beim ersten Mal für zwei kleine Mädchen hielt. Und dann das Merkwürdige entdeckte, dass es Knaben in Mädchenkleidung waren.[51]

Wenn es richtig ist, was die Resilienzforschung hinsichtlich des Verhältnisses von Zugehörigkeit zu einer religiösen Gemeinschaft und Bewältigungsfähigkeit negativer Erfahrungen herausgefunden hat, nämlich dass die Einbindung in eine Glaubensgemeinschaft die Resilienzfähigkeit beträchtlich erhöhen kann,[52] dann fällt von daher ein erhellendes Licht auf Nonni, der in Kopenhagen offensichtlich seinen Trennungsschmerz von der Mutter und von Island auch dadurch abzufedern vermag, dass er sich in die in Kopenhagen sehr präsent erfahrene katholische Kirche hineinbegibt. Dies umso mehr, als Kopenhagen auch manchen Kulturschock bereithielt: Hier sieht der zwölfjährige Nonni zum ersten Mal in seinem Leben Äpfel. Erstaunt darüber, dass die paradiesische Frucht, die er nur aus der Bibel kennt, auf der Straße feilgeboten wird, kauft er eine. „Ich nahm mein Taschenmesser und schnitt ein Stück ab. Ein erwartungsvoller Augenblick! Dann steckte ich es in den Mund. Aber ach, wie war ich enttäuscht! Kaum hatte das Stück meine Zunge berührt, da fühlte ich einen solchen Widerwillen, dass ich es schnell aus dem Mund nahm. Der Geschmack ekelte mich förmlich."[53]

Nonni (und das ist 40 Jahre nach diesen Ereignissen!) erzählt, dass er vieles an der katholischen Kirche, an ihrer Liturgie und in ihren Gebetbüchern wunderbar fand. Hier[54] strömt einiges von den Vorträgen (mit den entsprechenden Erfahrungen) ein, die Jón Sveinsson 1899 auf Missionsveranstaltungen in Ringsted (siehe unten Kap. 3.4) gehalten hat. Man kann sagen, Jón Sveinsson arbeitet hier all die Vorurteile ab, die von protestantischer Seite her gegeben waren, er genießt gewissermaßen die Freiheit gegenüber bisherigen protestantischen Vorurteilen und Zwängen. So versucht er – durchaus „missionarisch" – davon zu überzeugen, dass die katholische

Kirche keineswegs abzulehnen sei. Maria werde nirgendwo angebetet und die Liturgie sei besonders schön und habe ihn zu Frömmigkeit und Gebeten ermutigt.[55] Er schickt seiner Mutter ein Exemplar des katholischen Gebetbuchs und sie schreibt ihm, dass das katholische Gebetbuch „viel inniger und schöner“ sei als das, was sie in Island hätten.[56] Nonni gesteht, dass ihn das alles begeisterte und verlockte. Jón Sveinsson will auch später überzeugen, „dass er nicht zu irgendetwas gezwungen wurde, sondern dass ihn seine eigenen selbständigen Forschungen schließlich in die Arme der katholischen Kirche geführt hätten. Das soll hier nicht in Zweifel gezogen werden, aber dennoch war Nonni in eine Lage versetzt worden, die ihm nicht viel Wahlmöglichkeiten ließ.“[57] Es war ein nachhaltig sanfter Druck zum eigenen Weg!

Für den *Pater* Jón Sveinsson war dies der Wegweiser von Vorurteilen zur Wahrheit des Glaubens:[58] wie er diese Wahrheit während seiner Schulzeit in Frankreich und als Pater immer wieder verteidigte, dahingehend, dass allein die katholische Kirche diese Wahrheit besitze. Dieses Anliegen wurde durch Glaubensschriften der katholischen Kirche in der Art von Katechismen mit Fragen und Antworten belegt. In „Wie Nonni das Glück fand“ erzählt er, dass ihm die darin eröffneten Lehren sehr gefallen hätten und dass er diese Bücher immer wieder gelesen und vieles daraus auswendig gelernt hätte.[59]

Dazu gehörten die entsprechenden Katechismuspassagen: „weil die katholische Kirche die Aufgabe hat, alle Menschen zum Seelenheil zu führen, und deshalb von Christus Lehre, Gnadenmittel und Macht erhalten hat, was ist dann die Pflicht jedes Menschen? – Jeder Mensch ist verpflichtet, wenn er sein Seelenheil nicht verlieren will, der katholischen Kirche anzugehören, ihren Lehren zu glauben, ihre Gnadenmittel zu nutzen und sich unter ihre Macht zu beugen.“[60]

Sicher dachte Nonni hier an all die Lieben, die protestantisch blieben. Und er wird den anderen Eintrag im Katechismus als entlastend erfahren haben, nämlich dass die, welche sich auf Irrwegen befinden, „ohne selbst Schuld daran zu tragen, geistig mit der katholischen Kirche verbunden sind und einen Anteil an ihren Gnadengaben erhielten, sofern sie ernsthaft nach der Wahrheit suchten und nach bestem Vermögen suchten, den Willen Gottes zu tun“[61]. Irrgläubig aus eigener Schuld ist allerdings jeder Mensch, der die katholische Kirche kennt und von ihrer Wahrheit überzeugt ist, aber dennoch nicht bereit ist, in sie einzutreten; und: „wer Kenntnis der wahren Kirche erlangen könnte, wenn er sich ehrlich mit ihr vertraut machte, dies aber aus Gleichgültigkeit oder aus anderen sträflichen Gründen unterlässt“[62].

Vor diesem Hintergrund befand sich Nonni tatsächlich in der Gefahr des Heilsverlustes, sollte er lutherisch bleiben. Jón Sveinsson erzählt auch von der Lektüre anderer Bücher: „Über die Schönheit der katholischen Kirche“ von Gregor Rippel und „Die Nachfolge Christi“ von Franz von Sales, wobei es sich wohl um Lektüren späterer Zeit handelt, die er in seine Erzählung einträgt. Nach deren Lektüre wollte er aus freiem Willen zum katholischen Glauben übertreten. Nonni schreibt später: „Diesen wichtigen Schritt, den ich vor mehr als sechzig Jahren getan, habe ich nie bereut.“[63]

6. „Diesen wichtigen Schritt habe ich nie bereut"

In der ersten Auflage des Buches „Nonni: Erlebnisse eines jungen Isländers von ihm selbst erzählt" (erschienen 1913) – Jón Sveinsson ist 56 Jahre alt – bearbeitet er das Problem zwischen Zwang und Freiheit im Zusammenhang seiner Konversion zum katholischen Glauben. In Ordrup hatte er neben seinen Internatsverpflichtungen Vorträge zur Verteidigung des katholischen Glaubens gehalten und immer wieder deutlich gemacht, dass er selbst aus der lutherischen Kirche von Island kam und damals dieselben Ansichten über die katholische Kirche hatte wie seine Zuhörer und Zuhörerinnen. Er versicherte, dass er zunächst auf keinen Fall katholisch werden wollte. Doch habe er so viel Gutes bei den Katholiken erlebt und dabei einsehen dürfen, dass dieser Glaube der richtige sei.[64]

Ähnliche Rechtfertigungen begegnen nun auch in den Erzählungen der ersten Auflage, vor allem auch in den Gesprächen mit der Mutter: „Bei wem aber werde ich in Kopenhagen wohnen, Mutter?' ‚Beim Oberhaupt der katholischen Gemeinde. Man nennt ihn Präfekt; sein Name ist Hermann Grüder. Er soll ein sehr gewissenhafter und guter Mann sein …' ‚Aber Mutter, warum soll ich zu diesem katholischen Mann in Kopenhagen fahren? Warum nicht zu jemandem von unseren Landsleuten? Ich halte nichts von diesen Katholiken.' ‚Du brauchst vor den Katholiken keine Angst zu haben, mein Junge. Sie sind nicht so schlimm, wie die Leute denken.' Und später sagt die Mutter: ‚Glaubst du, ich würde dich zu Katholiken schicken, wenn das irgendwie gefährlich wäre? … Katholiken und ihr Glaube sind besser, als man hierzulande im Allmeinen sagt.'"[65]

Nonni erzählt von einem anderen Jungen namens Julius, der eigentlich statt Nonni zuerst ausgewählt worden war, dem aber der Vater nicht erlaubt hatte, nach Frankreich zu gehen, denn, so sagt der Junge, „er fürchtet, ich möchte an meiner Seele Schaden leiden". … „Ich vermute, es hängt unter anderem mit der Religion dort unten in Frankreich zusammen." Nonni sagt dann: „Aber, Julius, man muss doch nicht katholisch werden, wenn man dorthin in den Süden fährt." „Das ist richtig, aber Vater sagt, wir würden dazu gezwungen, wenn wir erst da wären." Nonni antwortet: „So viel ist sicher, dass ich mich nicht zwingen lasse."[66] Der Vater von Julius geht aber noch weiter, und diese Passage entbehrt nicht einer gewissen Ironie, wenn er insbesondere die Jesuiten anklagt. „Das ist eine katholische Sekte oder ein Orden. Sie ähneln in gewisser Hinsicht den Freimaurern. Jesuiten gibt es überall, aber sie reisen gerne unerkannt und sind deswegen gefährlich. Pass auf und falle ihnen nicht in die Hände."[67]

Jón Sveinsson bietet sogar einen lutherischen Pastor auf, der der Mutter Folgendes zu bedenken gibt: „Auch wenn meine Antwort dich überraschen wird, will ich dir dennoch meine Ansicht in aller Offenheit sagen. Wenn deinem Sohn bevorstehen sollte, bei guten Katholiken zu leben, die ihren Glauben ernst nehmen, dann hielte ich es nicht für ein Unglück, wenn er auch katholisch würde. Ganz im Gegenteil."[68] Nonni will aber trotzdem seine Bibel und seinen Konfirmationskatechismus mitnehmen. Denn er will sich nicht dazu bewegen lassen, den Glauben zu wechseln. Darauf antwortet der alte Pastor: „Katholiken halten äußerst fest an ihrem Glauben. Sie sagen, es sei der einzig wahre. Unser Glauben ist in ihren Augen falsch. Nach ihrem Urteil gibt es kein Seelenheil außerhalb der katholischen Kirche. Ein Katholik kann deshalb niemals die katholische Kirche verlassen, um in eine andere einzutreten. Wir Protestanten sehen bekanntlich die Dinge völlig anders. In unserem Glauben ist es den Menschen verboten, es an Toleranz fehlen zu lassen. Uns ist es erlaubt, unserer Überzeugung zu folgen und uns einem anderen Glaubensbekenntnis anzuschließen, wenn wir überzeugt sind, einen Grund dafür zu haben. … Wenn es dazu käme, mein kleiner Freund, dass du Gefallen am katholischen Glauben fändest, vielleicht weil du bei guten Katholiken lebst, hast du völlige Freiheit, ihren Glauben anzunehmen."[69]

So raffiniert dieser Text ist, so erschreckend bescheinigt er der katholischen Kirche Intoleranz. Man weiß wirklich nicht, ob man hier lachen oder weinen soll: Der Pastor erlaubt es aus protestantischer Sicht, in der es angeblich die Toleranz zur Konversion gibt, in eine Konfession zu wechseln, die genau diese Toleranz nicht aufweist. Und Letzteres, nämlich die Heilsexklusivität der katholischen Kirche, akzeptiert hier sowohl der evangelische Pastor als auch der Autor, nämlich Jón Sveinsson. Die Toleranz selbst hat, jedenfalls hier noch, keinen besonderen Wert, jedenfalls keinen theologischen Wert, höchstens den, dass sie die Andersgläubigen für den Katholizismus öffnet. Bei den Katholischen aber wäre sie fatal.

Nonnis Mutter ergänzt: „Über die katholische Religion habe ich genau dieselbe Meinung wie Herr Pastor Magnusson. Wenn du also nach Frankreich gekommen bist, und vielleicht mit der Zeit wünschen solltest, katholisch zu werden, so sage ich schon jetzt, dass ich dagegen nichts einzuwenden habe. Ich würde mich im Gegenteil darüber freuen; denn ich glaube, dass du deine Unschuld leichter bewahren wirst, wenn du als Katholik unter der Leitung von katholischen Geistlichen stehst." Und so unterschreibt Nonnis Mutter aus freien Stücken die Erklärung, dass sie nichts dagegen einzuwenden habe, dass ihr Sohn in die katholische Kirche aufgenommen werde, falls er dies wünschen sollte.

7. Um der Schule und Bildung willen

„In Wirklichkeit war die Sache jedoch so, dass den Eltern der Jungen, die nicht katholisch waren, die Auflage gemacht wurde, ihnen einen solchen Brief mitzugeben und zusätzlich ein schriftliches Einverständnis dafür, dass sie eine Ausbildung zum Priester und zur Arbeit als Missionar machen durften."[70] Möglicherweise war es auch so, dass Nonnis Mutter zunächst davon ausging, dass ihr Junge nach einigen Jahren wieder nach Hause käme „als gelehrter und hochangesehener Mann" und dass die ihm geschenkte Bildung jedes Opfer wert sei, auch hinsichtlich der Gefahr des Katholischwerdens.[71] So hieß denn auch die Zeitungsnotiz am 17.9.1870: „Mit der Ausreise dieser Jugendlichen (s.c. Gunnar Asmundsson und Jón Sveinsson) soll es sich so verhalten, dass ein reicher Adliger aus dem südlichen Frankreich angeboten hatte, die Ausbildung zweier junger Männer aus Island zu finanzieren."[72] Von „katholisch" keine Rede!

Einar, der Vater des anderen Jungen, Gunnar, der die gleiche Einladung annimmt, schreibt dagegen drei Monate nach der Abreise seines Jungen in einem Brief am 10. Oktober 1870 an einen vertrauten Bekannten: „So wie die Sache liegt, denke ich, dass er den katholischen Glauben annehmen muss, aber am liebsten nicht so schnell und ohne dass die Nachricht davon unter unseren Landsleuten hier herumgetragen wird, die allzu großen Mangel an Toleranz in Glaubensdingen besitzen. Ich hätte mir am liebsten gewünscht, dass sich der Junge nie dem Priestertum zugewandt hätte, es wäre für ihn auch unmöglich, sich später in Island niederzulassen."[73] Der letztere Satz ist nur auf dem Hintergrund verständlich, dass die Eltern bereits schriftlich einverstanden sein mussten, dass der Junge nicht nur konvertieren, sondern auch Priester und Missionar werden durfte.

Hier zeigt sich offensichtlich die realistische Wahrnehmung: dass weder die Lutheraner auf Island eine größere Toleranz in Glaubensdingen haben noch dass es für Priester möglich sein werde, sich in Island niederzulassen, noch dass der Sohn überhaupt eine Wahl haben könnte, den katholischen Glauben anzunehmen oder nicht. Der Vater von Gunnar hatte denn auch ein bleibend schlechtes Gewissen, „dass er dieses Angebot ausländischer Männer in einem katholischen Land angenommen hatte"[74]. Dieses Misstrauen schien nicht grundlos. Und so suchte er nach einem Plan B, dass sein Sohn Gunnar, falls es mit der Ausbildung (in Frankreich) nicht klappte, in Kopenhagen einen Beruf erlernen sollte, „der ihm gefällt und dessen Lehre nicht viel kostet"[75]. Der Vater hatte die Hoffnung, dass ein ihm bekannter Isländer, der sich ebenfalls für die Glaubensfreiheit in Island einsetzte und der in Kopenhagen lebte, dort Entsprechendes bewerkstelligen könne.[76]

Aber auch für Einar stand die Bildung an erster Stelle und die Ansicht, dass es letztlich gleichgültig sei, woher etwas Gutes käme. Niemand auf Island habe ihm angeboten, seinem Sohn eine Schulbildung zu bezahlen. Es ginge nicht darum, ob Katholizismus oder Protestantismus, sondern darum, wo beide etwas besser oder schlechter machen, vor allem in der Bildung und Wissenschaft. Dummheit und Ahnungslosigkeit gebe es in beiden Bereichen. Mit dieser Relativierung der Konfession bekam Einar selbstverständlich Probleme mit den konservativen Pastoren. Und so wurde er auch, wie bereits erwähnt, von einem lokalen Amtmann angeklagt, weil er einen katholischen Priester im Hause aufgenommen hatte.[77]

Gunnar reiste übrigens nicht mit nach Frankreich. Er zeigte sich weder schulisch noch berufungsmäßig so aussichtsreich wie Nonni, konvertierte aber zum katholischen Glauben, ging wieder nach Island zurück und lebte dort tapfer als katholischer Laie. An der Faszination der katholischen Kirche für junge Menschen muss also etwas drangewesen sein. Dies erfolgte alles im vollen und auch freundschaftlichen Einvernehmen mit den in Kopenhagen Verantwortlichen.[78]

2. Schulzeit und Studienzeit

1. „Gott will es!" – Im Internat von Amiens

Nun kam Nonni nicht nach Avignon, sondern in die apostolische Schule der Jesuiten nach Amiens. Denn der Graf wollte ihnen nicht die Sommerhitze in Südfrankreich zumuten. Sie sollten sich erst einmal im Norden Frankreichs an das Klima gewöhnen.[1] Es war dort erwünscht, dass die Eintretenden nicht sehr viel älter als zwölf Jahre alt waren, denn auch Jesus war so alt, als er seine Mutter verließ, um im Hause seines Vaters, im Tempel, dessen Willen zu erfüllen (vgl. Lk 2,42).[2]

Was Nonni dort hart ankam, war die engmaschige Schul- und Tagesordnung sowie ein spirituell hart verankerter Gehorsam den Lehrern und Aufsehern bzw. Repetenten gegenüber. Darin sollte die Befähigung, dem bösen Geist zu widerstehen, eingeübt werden. Dieser Gehorsam war vorbehaltlos und blind, darüber konnte man nicht diskutieren und die Gründe der Befehle konnten nicht hinterfragt werden. Was befohlen wurde, wurde mit Gottes Willen selbst identifiziert und war so gegenüber jedem Widerstand immun.[3] Wie es überhaupt der „Schlachtruf" der Apostoliker, also der Schüler im Internat, war, jenes „Gott will es!", das auch der Kampfruf der Kreuzfahrer gewesen war,[4] auszurufen und sich zu Herzen zu nehmen. Es ist die vollkommene Unterwerfung unter den Willen Gottes, verbunden mit widrigen und schmerzlichen Herausforderungen des Alltags oder einer besonderen Situation, beabsichtigt auch als Aufmunterungswort, nicht zu flüchten und darin durchzuhalten.[5] Insbesondere bei Exerzitien wurden den Jungen Geschichten erzählt, in denen es um die Opferbereitschaft von Priestern und Missionaren ging, die für den katholischen Glauben und die Rettung der Seelen ihr Leben in Gefahr brachten und auch hingaben. Dafür musste man sich vorbereiten.

Auf der anderen Seite hatten die Schüler genug Freizeit zum Spielen und Kräftesammeln. Nonni beherrschte einige eindrucksvolle Zaubertricks und war auch für das Erfinden und Weitererzählen witziger Geschichten offen. Aber das alles war Zutat. Das alles beherrschende Ziel verlor er nicht aus den Augen, nämlich Soldat Gottes in seinem geliebten Vaterland Island zu werden.[6]

Jeden Tag musste auch eine körperliche Arbeit im Hause übernommen werden, ähnlich wie Franz Xaver, der an Bord des Schiffes nach Indien seine Kleidung selber wusch.[7] Franz Xaver, ein Landsmann des heiligen Ignatius, sollte noch eine besondere Bedeutung im Leben Nonnis erhalten (siehe unten Kap. 7.1).[8] Wenn Nonni krank wurde, denn mit seiner Gesundheit war es nicht immer gut bestellt, bedauerte er die dadurch bedingte Verzögerung in der Ausbildung, beugte sich aber auch hier unter Gottes heiligen Willen.[9]

Den Strafen musste man sich unterordnen, man musste sie positiv annehmen. Es wurden den Schülern auch Beispielgeschichten erzählt, in denen die Bedeutung der „Strafen über den Tod hinaus" darin bestand, dass ihnen dann im Fegefeuer nichts Schlimmeres bevorstand. Es gibt also so etwas wie eine Ökonomie zwischen diesseitigen und jenseitigen Strafen: Was man hier davon auf sich nimmt, bleibt einem im Fegefeuer erspart. Und was man hier diesbezüglich nicht erleidet, muss man im Fegefeuer erleiden.[10] Zu dieser Selbstüberwindung gehörte es auch, Mitbrüder, die einem unsympathisch waren, zu Spaziergängen einzuladen und mit ihnen zu reden.[11]

Es geschah auch, dass Missionare aus fernen Ländern und Kontinenten zu Besuch kamen und von ihrer Mission bei den Heiden und „armen Negern" in der ganzen Welt erzählten. Vor allem die Afrikamission erfuhr in der zweiten Hälfte des 19. Jahrhunderts von Europa aus eine prekäre Entfaltung und Schubkraft (siehe oben Kap. Ouvertüre 1.2).[12]

Jón Sveinsson schreibt später, dass es ihm in Amiens gut gefallen habe und dass die Hausherren nicht hart waren, sondern eher als ältere Brüder oder Kameraden angesehen wurden.[13] Es ist also anzunehmen, dass Nonni mit seinem eigenen Anteil der Identifikation mit dem Internat, der dortigen Spiritualität und Zielführung, ein Stück Selbst-Kontrolle über das dortige Leben gewinnt, so dass es nicht als Entfremdung, sondern als Herausforderung bewältigt werden kann. Nonni will mit seinem Lernen Verdienste für das Himmelreich erwerben, aber zugleich weiß er darin auch um seine Schwäche und dann auch darum, dass Gott auch diese zum Guten wendet, *wenn* Nonni nur nicht nachlässt in seinen Bemühungen.

2. „Wenn ich an das Schicksal der unglücklichen Isländer denke"

Den Apostolikern wurde vermittelt, dass der Jesuitengeneral in Rom es ihnen einmal erlauben würde, in die „Kampfgebiete" des Nordens zu gehen und dort im Dienst der Jungfrau Maria zu kämpfen. Nonni selbst schreibt in diesem Zusammenhang: „Gewiss blutet mein Herz, wenn ich an das Schicksal der unglücklichen Isländer denke, aber dann werfe ich mich Jesus in die Arme, der mir offenbar die edle Aufgabe vorbehalten hat, an der Bekehrung meines Vaterlands zu arbeiten."[14] Denn ohne die Hilfe ihrer eigenen Söhne, so glaubte man, würden die Isländer ihren Glauben nicht ändern.[15] So sollte man durchaus Brieffreundschaften mit protestantischen Menschen in Island aufbauen bzw. erhalten, weil solche Freundschaften später einmal für die Mission sehr wertvoll werden könnten.[16]

Wie seine Mitschüler war Nonni beseelt davon, Missionar zu werden und Seelen zu retten. Und eine große Motivation zu lernen war es für ihn, dass er in der späteren Auseinandersetzung den Konfessionsgegnern argumentativ überlegen sein könne, aber auch denen, die überhaupt von Religion nicht viel hielten, weshalb man auch in den Humanwissenschaften den Gelehrten, von denen es in den nordischen Ländern eine große Zahl gab,[17] Paroli bieten müsse. Es ging also in militärischem Gehorsam darum, dass die katholische Religion, weil sie wahr sei, in jeder Hinsicht – und hier vor allem argumentativ – *siegen* müsse.[18]

Was auch immer geschah, Nonni glaubte daran, dass der gute Gott alles zum Besten wenden kann und will, dass er in seiner Nähe ist und dass er, *wenn* man ihn um Beistand bittet, auf der Stelle zu Hilfe kommt und Kraft schenkt.[19] Er lebte von dem Vertrauen, dass Gott alles gibt, um was wir ihn bitten, sofern es etwas Gutes und Vernünftiges ist.[20] Vor allem glaubte er an die Kraft des Gebetes, das im kindlichen Vertrauen und in großer Zuversicht an den guten Vater im Himmel gerichtet wird. Nach Guðmundsson ist in dieser Zuversicht „der Geist der Nonni-Bücher geboren“[21]. Ein solches Vertrauen kommt in der Geschichte zum Vorschein, die Nonnis Mutter von Kanada aus ihrem Sohn zuschickte. Es ist eine Geschichte der Autorin Torfhildur Hólm:[22] Ein Mädchen betet für die an sich unmögliche Rückkehr des Vaters, der bei einem Schiffsunglück umgekommen ist und der daraufhin tatsächlich aus der Hölle geholt wird.[23] Nonni stand auch später mit dieser Autorin in gutem, auch geistigem Kontakt.[24]

Die Dynamik zur Mission wurde durch einen weiteren Aspekt verstärkt. Im Apostelheim gab es einen Marienverein, in dem die Jungen Maria nicht nur als ihre Mutter, sondern auch als ihre Geliebte und Königin beim Namen nannten. Das größte Fest im Haus war der 8. Dezember, das Fest der unbefleckten Empfängnis der Gottesmutter Maria. Die katholische Kirche stand damals vor allem in Frankreich unter dem besonderen Eindruck der Erscheinungen Marias in Lourdes (1858). Pater Barbelin fuhr 1875 mit drei Jungen, darunter Nonni, nach Lourdes. Auf dieser Wallfahrt schrieb Nonni an seine französische „Adoptivmutter“,[25] die ihn mit einer Patenschaft unterstützte: „Ja, ich werde so sehr beten, dass sie (Maria sc.) nicht umhin kann, meine Gebete zu erhören, und weil ich nur als Ihr Stellvertreter vor ihr stehe, wird ihre einzigartige Gnade Ihnen zufallen.“[26] Auch hier ist das Motiv beherrschend, dass das Gebet, hier zur Gottesmutter, eine besondere Macht hat und dass es auch stellvertretend verrichtet werden kann. Dahinter steht die Vorstellung eines permanenten Kampfes um Gnade im Horizont des Glaubens, dass es ohne diese Gebete auch die Gnade kaum gäbe.

3. „Was würde aus Vater und Mutter werden, die im ‚Irrglauben' starben?"

Vor dem Hintergrund der durch Mission nötigen Seelenrettung war dies für jene Apostoliker immer ein großes Problem, deren Eltern zuhause noch nicht konvertiert waren bzw. gar nicht daran dachten. So beteten sie inbrünstig dafür, dass ihre nächsten Verwandten zum katholischen Glauben konvertierten. „Wie konnte der gute Gott sie auf ewig von ihren geliebten Eltern trennen, die ihm obendrein diese Söhne geschenkt hätten, ihn zum Dienst und zur Ehre?"[27] Und: „was würde aus Vater und Mutter und anderen lieben Menschen werden, die im ‚Irrglauben' lebten und starben?"[28] Der Glaube an die Hölle kann so zur gegenwärtigen spirituellen Hölle werden.

Die Armut der Mutter war das tatsächliche Motiv, warum sie ihre Kinder zeitweise zu Pflegeeltern gab, die Armut der Mutter war auch das Motiv dafür, warum sie Nonni und Manni unbedingt ermöglichen wollte, dass sie mit einer entsprechenden Bildung und Ausbildung aus dieser Armut herauskommen und ein Leben in Wohlstand führen konnten. Jón Sveinsson überhöht diese Motivation in spiritueller Weise, ja er ersetzt sie geradezu mit der Vorstellung, dass die Mutter ihre beiden Söhne zum Dienst an Gott fortgegeben habe und „dass sie so einen indirekten Anteil am Heilswerk der Kirche hat"[29].

Diese Spiritualisierung der mütterlichen Motive hat ihre Wurzeln in der Heilsangst Sveinssons selbst, die er bezüglich der Mutter damit beruhigt, dass sie dieses indirekte Heilswerk tat: „Aber, meine Liebe, ich tröste mich ein wenig und möchte so gerne, dass auch du Trost findest in dem freudenvollen Gedanken, dass Gott dir im

Himmel den unermesslichen Lohn gebe für deine beiden Kinder, die du ihm hier auf Erden geschenkt hast. Sei gewiss, dass Manni und ich, dass wir ein Opfer sind, das du Gott bringst. Ach, meine Geliebte! Gib uns beide von Herzen an Gott, so dass dein Lohn umso größer werde."[30] Die Vorstellung, dass Gottes Barmherzigkeit sich an die katholischen Vorstellungen hält, konnte er nicht überwinden. Wie hätte er auch bei dieser Umgebung denken können: Gott hat noch andere Möglichkeiten, als dass er sich durch die engen katholischen Dogmatiken und kirchlichen Gesetze hindurchschlängeln müsste; als gebe es die Ausnahme der Rettung wider die Regeln nur in besonderen Fällen, als gebe es das Besondere der universalen Rettung nicht ohne die Ausnahme der Regeln (siehe unten Kap. 7.3).

Der heftige Wunsch, Missionar in Island zu werden, brachte Nonni sogar in Entscheidungsschwierigkeiten, nachdem er im Sommer 1878 die Reifeprüfung abgelegt hatte. Priester wollte er jedenfalls werden, aber sollte es ein Weltpriester oder ein Jesuitenpriester sein? Jesuit zu werden war in dem damaligen Kontext eher kontraproduktiv zu seinem Wunsch, weil Jesuiten in den nordischen Ländern unerwünscht waren. Weltpriester hatten da bessere Chancen. Nach acht Tagen Meditation und Gebet entscheidet er sich, wohl vor dem Hintergrund seiner bisherigen Ausbildung und Spiritualität sowie der damit verbundenen Beziehungen, für den Eintritt in den Jesuitenorden, in den er im August 1878 aufgenommen wurde.[31]

4. „Ganz wie eine Blume ..."

Nonni beginnt das dreijährige Studium der Philosophie an der Universität des Ordens in Löwen und schließt es dort auch ab. Auch in dieser Zeit bleibt der Wunsch, nach Island zu gehen, ungebrochen. Dafür ist es von Vorteil, weiterhin mit der eigenen Verwandtschaft und Bekanntschaft in Island in Kontakt zu bleiben und sie zu pflegen.[32] „So versuchte Jón Sveinsson das Feld vorzubereiten für seine erhoffte Tätigkeit auf Island. Zudem stürmten die Erinnerungen aus der Kindheit so auf ihn ein, dass er nicht anders konnte, als sich mit den Leuten in Verbindung zu setzen, die ihm noch lebendig vor Augen standen."[33]

Offensichtlich hatte Sveinsson in Löwen mehr Möglichkeiten und auch mehr Zeit, seine isländische Herkunft und Identität zu studieren und ihrer innezuwerden. Er tat viel dafür, seine Muttersprache Isländisch nicht zu vergessen, sondern sie zu pflegen und zu erhalten. Dies zeigt sich etwa darin, dass er als guter Katholik und Jesuit die Bibel als Gotteswort selbstverständlich nur auf Lateinisch liest, aber auch die isländische Übersetzung zur Hand nimmt, weniger als Gotteswort als deswegen, seine Muttersprache zu üben.[34] Wo immer es ihm möglich ist, versucht er isländischen Lesestoff zu erhalten. Seine Mutter hat ihn von Kanada aus immer wieder damit versorgt. Man kann durchaus sagen, dass die Zeit seines Studiums so etwas ist wie ein sprachliches und literarisches Aufleben seiner isländischen Identität.

Immerhin gab es in seiner Familie Schriftsteller und Lyriker. So war es für ihn ein patriotisches Anliegen, sich um isländische Literatur zu bemühen, vor allem auch um die Poesie. Vornehmlich verehrte er den Pastor, Prediger und Psalmendichter[35] Hallgrímur Pétursson (1614–1674). In sorgenvollen Zeiten beteten die Mutter in Kanada und Sveinsson in Löwen Strophen aus den Passionspsalmen von Hallgrímur. Sie erfuhren damit eine große Kraft und wahre Glaubensstärkung. Die Mutter ermahnte ihn in ihren Briefen, täglich solche Gebete zu sprechen und sich der Vorsehung Gottes anzuvertrauen. Im Bereich der spirituellen Poesie gab es also für Sveinsson keine konfessionellen Grenzen, sondern wusste er sich diesem religiösen Erbe seines Volkes auch als Katholik nahe. So macht die Mutter ihren Sohn unter anderem auch auf das Kirchenlied „Ganz wie eine Blume …“[36] aufmerksam, das in Island bei der Beerdigung gesungen wird:

So wie die eine Blume / auf glattem Boden wächst, / schön mit reiner Blüte / zuerst in der Morgenstunde, / in einem schnellen Augenblick / rasch abgeschnitten wird, / Farbe und Blätter verlor, / endet das Menschenleben rasch. … / Herr Jesus, Du bist mein Schutz.[37]

Ein anderes Lied von Hallgrímur Pétursson findet sogar Eingang in eine Nonni-Geschichte: In der Erzählung „Nonni im Schneesturm“ wird Nonni unter einer Schneedecke begraben. Da erinnert er sich an eine Strophe, die die Mutter mit ihm als Abendgebet gebetet hatte.[38]

Jesus, jetzt denke ich an Dich, / ich gebe mich in Deine Ruh, / ob ich bin draußen oder drinnen, / ob ich wache oder schlafe, / Du bist mein Helfer und Beschützer, / Du bist mein wahres Leben. / Auf Dich vertrau ich von ganzem Herzen, / Du milderst die Todesnot.

Diese Gebetskultur seines Volkes, vermittelt vor allem durch seine Mutter, durchdrang auch seine katholische Frömmigkeit, und umgekehrt fand die katholische Frömmigkeit darin einen besonderen kulturellen Ausdruck, vor allem was das unerschütterliche Grundvertrauen auf Gott anbelangte.

Sicher kannte Nonni auch das eindrückliche Tischgebet von Pétursson aus den Passionspsalmen 1. Gesang, Strophe 11:

Du bist, o Seele, ein Bettler arm, / bittest, dass Gott sich Dein erbarm; / die Kanne schöpft eher die Schüssel voll – / schuldest Du ihm nicht den Dankeszoll?[39]

Interessant ist allerdings, dass das Wenn-dann-Muster, das Sveinsson so sehr prägt, gerade nicht die beherrschende Perspektive der Passionspsalmen ist. Eigentlich im Gegenteil, denn darin geht es vor allem um die sprachliche Hinführung zu einer Identifikation mit dem Leiden Jesu auf der einen und zum Dank für das Rettungsgeschehen am Kreuz auf der anderen Seite. Hier herrscht der Indikativ die Vorgegebenheit der Gnade durch das Leiden Jesu vor, der die Menschen *in jedem Fall* vom Sündenlohne loskauft.

In drei Sprachen stand er da, / der Spruch; der Höchste wollte, / dass allen Völkern fern und nah / Sein Friede werden sollte. / Laut jubelt hier / Herr Jesu Dir / jedwede Zung und Zone, / die Du durch Qual / am Kreuzespfahl / erkauft vom Sündenlohne!

Und:

Wo ich auch geh, / muss Bangen und Weh / entweichen vor diesem Bilde (des Kreuzes, O. F.).[40]

Oder wie es im 13. Gesang erhofft wird:

Aus trotzigem, tückischem Munde / zum Tode verdammt warst Du; / Du sagst in selbiger Stunde / segnend das Leben mir zu. / Ich danke Deiner Treue / dass Du statt ewiger Reue / Frieden errangst mir und Ruh![41]

Aus der Gnade der erfolgten Erlösung heraus wird es den Menschen möglich, sich mit dem dafür leidenden

Christus zu identifizieren und aus diesem Mitleiden heraus empathiefähig zu sein und Gutes zu tun. Diese in den Passionspsalmen erfahrbare Gnade geht allem voraus.

Wach Du, mein Jesu, wach selbst Du in mir! / Wachen lass mich aber auch in Dir! / Dich schaue die Seele, wenn schlafend der Leib, / dass schlafend und wachend in Dir bleib![42] / *„Wenn schwer die Sünde in Schrecken steht, / der Schlüssel zur Gnade ist dann das Gebet.“*[43]

Jesus droht nicht mit der Hölle, sondern erleidet die Höllenpein, damit die Menschen sie *nicht* erleiden müssen.

O Herr, Dein Weg durch Höllenpein / ins Himmelreich führt er mich ein; … / Dein Angstschweiß, Herr, Dein Opfergruß / vom ewigen Angstschweiß macht mich los![44]

Und:

Entsühnt hat uns des Sohnes Huld, / der so bezahlt des Knechtes Schuld.[45]

Diesen spezifisch gnadentheologischen Anteil evangelischer Theologie bei Petursson konnte Sveinsson offensichtlich nicht wahrnehmen, wobei es offenbleibt, ob und wie sehr diese Gnade bei Petursson *bewusstermaßen* an die Bedingung des Glaubens gebunden ist,[46] wenn man doch fast nichts anderes kennt.

5. „Immer habe ich Sorgen wegen des kleinen Manni"

Nicht nur nach seiner Mutter, sondern auch nach einem anderen Menschen hat Nonni in Amiens eine große Sehnsucht, nämlich nach seinem Bruder Manni. Innig betete er dafür, dass auch Manni in die gleiche Schule kommen könne. Und Gott fügte es auch so: Zwei Jahre später kommt Manni nach Amiens in die gleiche Ausbildung. Die Mutter hatte entsprechende Briefe geschrieben, dass sie nicht für Mannis Ausbildung Sorge tragen könne, und so kam das Ganze in Bewegung, zumal die katholische Seite nach wie vor interessiert war, isländische Jungen ins Ausland zu schicken.

In einem der Briefe der Mutter kommt auch wieder ihr Anliegen zum Ausdruck: „Was die Religion betrifft, so finde ich, dass die Bildung über alles geht.“[47] Hier wird deutlich, was bereits für Nonni galt: „Die Bildung der Jungen ging ihr über alles, auch wenn sie dafür in Kauf nehmen mussten, ihr Land und Volk zu verlassen und die Glaubenswahrheiten, die sie sich von Kindheit an eingeprägt hatten.“[48] Und wieder gab es die explizite Bedingung, dass die Jungen wieder später nach Island gehen, um dort zu missionieren.[49]

Immer war Nonni in Sorge um seinen Bruder Manni. Dieser hatte 1880 die Reifeprüfung abgelegt, war dem Jesuitenorden beigetreten und studierte in Gemert in Holland, das unter der Provinzleitung des französischen Ordens stand. Manni war in diesen Jahren ziemlich kränklich, zuweilen mit Verdacht auf Typhus und Tuberkulose, erholte sich aber auch immer wieder. Besonders schlecht ging es ihm, als er 1882 nach Wynandsrade bei Limburg in Holland geschickt wurde, das unter der Aufsicht der deutschen Ordensprovinz stand. Dahinter stand offensichtlich die Absicht, dass Manni den gleichen Weg gehe wie Nonni, um von der deutschen Provinz in die Mission Islands geschickt zu werden und nicht zuletzt um zeitnah mit Nonni zusammenzukommen. Doch offensichtlich hat dies der Orden nicht sonderlich unterstützt. Jedenfalls musste Manni wieder zurück nach Gemert, wo es ihm dann besser ging.

Vorher war Manni so verzweifelt, dass er sogar aus dem Orden austreten wollte, worüber Nonni sehr bestürzt war, denn für ihn hätte ein solcher Schritt nie infrage kommen können. Für ihn galt die Regel: „Finde dich freudig mit allen Leiden des Lebens ab, weil Gott es so will. Also: sei zufrieden, in dieser (deutschen) Provinz zu sein. Grund: Gott will es. Nichts ist nutzbringender, als in allem den Willen Gottes zu erfüllen."[50] Und so schreibt er Manni: „Ich bin froh mit dem Kreuz."[51]

Nach dem Noviziat in Gemert studierte Manni in Löwen. Vor allem die Naturwissenschaften und die Naturphilosophie interessierten ihn. In dieser Zeit war Nonni Lehrer an der Jesuitenschule in Ordrup in Dänemark und fand es dort ziemlich langweilig. Manni hatte vor, nach dem Studium in Löwen zu Nonni nach Ordrup zu gehen und dort zu bleiben. Beide hegten die Hoffnung, dann, wenn die Zeit reif sei, zusammen nach Island zu gehen, Nonni vor allem wegen des missionarischen Auftrags, Manni vor allem, um überhaupt die Situation in Island, besonders die wirtschaftliche, zum Besseren zu verändern. Ihn plagten die Heilsängste offensichtlich weniger als Nonni. Dazu aber musste Manni unbedingt in die deutsche Ordensprovinz aufgenommen werden. Es gab tatsächlich Bestrebungen, Nonni und auch Manni in die deutsche Ordensprovinz zu holen, weil die nordischen Länder in den Verantwortungsbereich der deutschen Provinz gehörten.[52] Aber Nonni fühlte sich in Ordrup nicht wohl, die Lebensweise der „Deutschen" behagte ihm nicht (siehe unten Kap. 3.1–2). Und auch die Sprache war ein Problem. Dies war offensichtlich so schlimm, dass er seinem Bruder schrieb, er solle doch am besten bleiben, wo er sei. Dann erkrankte Manni ernsthaft, er war dem Tod nahe. Nonni wollte zu seinem sterbenden Bruder, aber dies wurde ihm von seinen Oberen in Ordrup verweigert. Anfang Oktober 1884 erhielt er aus Löwen die Nachricht, dass Manni an Lungentuberkulose gestorben sei. Nonni schreibt: „Ich habe alle Lebenslust und Jugendkraft verloren."

Um Mannis Seelenheil brauchte sich Nonni allerdings keine Sorge zu machen, denn es galt die Devise: Es genügt zum ewigen Seelenheil, im Orden zu sterben.[53] Und doch nagte selbst hier die Heilsangst. 1939 schrieb er mit 82 Jahren in sein Tagebuch: „Immer habe ich Sorgen wegen des kleinen Manni. Aber ich vergesse, dass Gott unendlich gut ist und allen seinen Geschöpfen hilft. Er hat auch Manni geholfen."[54] Und dann wieder das krasse Gegenteil: Manni schien für Nonni so etwas wie ein Heiliger zu sein. Als ein Ordensbruder mit einer ähnlichen Meinung von Manni Nonni für sich bei Manni wie bei einem Heiligen um Fürbitte bat, schreibt Sveinsson: „Ja, senden Sie mir Ihre Bitten an Manni."[55] Was für ein Spagat zwischen Angst und Zuversicht!

3. „Sobald ich zu den Deutschen kam, wurde es finstere Nacht"

1. Ordrup: „Alles ist vereist!"

Obwohl Nonnis Herz nach seinen bisherigen Jahren in Frankreich für die französische Provinz, auch für die französische Sprache und die dortigen Freundschaften schlug, wechselte er dann doch in die deutsche Provinz, musste allerdings, da Kanzler Bismarck den Jesuitenorden in Deutschland verboten hatte, 1882 seine philosophischen Studien in Blijenbeck in Holland weiterführen, wo die deutsche Provinz neue Standorte eingerichtet hatte.[1]

Ein Jahr später kam er zur praktischen Ausbildung zu den Jesuiten in Ordrup in Dänemark, um den praktischen Teil des Unterrichtens kennenzulernen.[2] Dort hatten deutsche Jesuiten nach ihrer Vertreibung 1872 die Grundschule und das Gymnasium für Jungen gegründet. Damit war die Absicht verbunden, dass später Jesuitenpriester, die aus dieser Schule hervorgingen und Dänen waren, die Schule weiterführen sollten. Hier arbeitete Sveinsson mit Unterbrechungen von 1883 bis 1912. Zunächst fühlte er sich dort wohl, weil es landschaftlich schön war und weil er in einem skandinavischen Land wieder wie zuhause sein durfte. Aber der Ästhetik-, Kultur- und Sprachwechsel (weniger zum Dänischen als zum Deutschen) machten Nonni dann doch ziemlich zu schaffen. In der Gemeinschaft der deutschen Jesuiten blieb er ein Außenseiter. Alles war anders, als er es von dem Apostelheim in Amiens und von Löwen her gewohnt war. Noch 1909 schreibt Nonni an seine Mutter: „Sobald ich zu den Deutschen kam, wurde es finstere Nacht.“[3]

In dieser Zeit betet er aus dem 32. Passionspsalm:

Wenn mich die Leiden erreichen, / wende dich mir zu, mein lieber Jesus. / Es erfrische mein Herz und meinen Sinn / deine himmlische Gnadenflüssigkeit.[4]

Ordrup ist für ihn der Weg zu Demut und Selbstverleugnung. „Ich verdiene die Hölle, deswegen muss ich alles mit Geduld und Freude auf mich nehmen und alles schweigend und lautlos erdulden.“[5] So ist er in der Lage, die Enttäuschungen und Minderwertigkeitserfahrungen in Ordrup als Willen Gottes zu interpretieren, und kann damit etwas durch und durch Freudloses über die Erfüllung des Willens Gottes als eine Handlung definieren, mit der man wenigstens Gott Freude macht und darin das Ziel eines einzigartigen Glückes erreicht.[6] So erinnert er sich an die alte Einsicht: „Gott nehme diejenigen allein unter die Zahl seiner Kinder auf, welche durch die Verdemütigung wie das Gold im Feuer geprüft und gereinigt worden“ (mit Bezug auf Sprüche 17,3 und Pred 12,14). Dieses Verhalten befindet sich durchaus in Analogie zu Texten im Evangelium, z.B. wenn Jesus in der Verfolgungssituation dazu aufruft, sich darüber zu freuen, für diese Erfahrung auserwählt zu sein (vgl. Mt 5,10–12).

Um weniger verletzbar zu sein, schützt Jón Sveinsson sein Herz davor, vertraulich zu werden und sich zu öffnen. „Ich darf nichts besonders ins Herz schließen.“[7] Stattdessen sucht Nonni die umso nähere Beziehung zu Gott. Seine Spiritualität dient nicht mehr einer offenen Beziehung zu seinen Mitbrüdern, sondern legitimiert eine Distanz, in der er ihnen nicht traut. Dazu gehört auch eine relative Verkapselung dem freien Wissen gegenüber, denn man braucht keine tiefen Einblicke in die Geheimnisse Gottes, wenn man ihm wie ein Kind vertraut.[8] Charakteristisch dafür sind die Handlungsanweisungen aus der Nachfolge Christi von Thomas von Kempen, die Jón Sveinsson zu seinen eigenen macht: „Sei mit keiner Frau vertraut, aber empfiehl Gott alle guten Frauen … Wünsche dir nur die nahe Bekanntschaft mit Gott und seinen Engeln, und vermeide die Bekanntschaft mit Menschen.“[9] Die Vertrautheit mit Gott entzieht also der Vertrautheit mit den Menschen ihre Vitalität. In der dann möglichst intensiv erfahrbaren Beziehung zu Gott wird jene Intensität, die mit Menschen möglich wäre, kompensiert. „Hier wollte Jón Sveinsson offensichtlich Zuflucht suchen und finden, einen Fluchtweg unter den Vorzeichen christlicher Tugend, wenn Verdruss und Enttäuschung ihn übermannten. Anstatt gegen die Schwierigkeiten anzugehen und Widerstand zu leisten, wollte er sich demütigen, wie ein Kind sein und alles schweigend und lautlos über sich ergehen lassen.“[10]

Vertraulich redet Jón Sveinsson also nur noch mit Gott und mit sich selbst. In sein spirituelles Tagebuch schreibt er in dieser Zeit: „Es ist sicher, dass bei mir diese Initiative, aller Eifer, das ganze apostolische Feuer erloschen und tot sind. Sonst hatte ich eine so große Freude, wenn ich daran dachte, dass ich eines Tages Missionar in meinem Lande werden könnte oder irgendwo, wohin Gott mich führen würde, jetzt will ich es absolut nicht mehr. – Als ich hierher kam, war ich guten Willens, ich hatte Edelmut, jetzt fühle ich mich wie ein angeketteter Gefangener. – Das Verhalten der Oberen hat allmählich alles Gute in mir erstickt, was aus apostolischer Perspektive darin war. – Hier will ich nichts mehr unternehmen, ich will mich nicht auf irgendeine künftige Tätigkeit als Missionar vorbereiten, denn wo die Umstände so sind wie die, in denen ich lebe, gibt es keine Möglichkeit, etwas zu tun. ... Alles unter uns hier ist vereist, tot, erstarrt. – Aus den kleinsten Bagatellen macht man große Affären. ... und das mit einer preußischen Kleinlichkeit, die mich aller Freude beraubte. ... In dieser Provinz oder wenigstens in dieser Mission wird es niemals möglich sein, zu einem Erfolg zu kommen. Das ist sogar die Ansicht vieler Deutscher. Ich will hier nicht alle verurteilen."[11]

In der Tat hatten die Jesuiten (auch die deutsche Provinz) gar nicht mehr die Absicht, jedenfalls nicht in diesen Jahren, eine Mission in Island einzurichten.[12] Nonnis Mutter selbst hatte von Kanada aus geschrieben, dass es eine Geldverschwendung sei, Missionare nach Island zu schicken, zu einem Volk, in dem keiner daran denke, öffentlich zu konvertieren.[13]

Noch im Rückblick schreibt er 1937 an einen Mitbruder: „Ich betrachte mich als einen Auswurf der Menschheit; das habe ich in Dänemark gelernt in den 25 Jahren, die ich dort zubrachte, und so wundere ich mich immer sehr, wenn mir etwas Gutes begegnet."[14] Möglicherweise lebt in dieser Minderwertigkeitserfahrung auch wieder auf, dass Manni das Lieblingskind seiner Mutter war. Derart zurückgesetzt, wünschte Nonni sich sehr, bei seiner Mutter zu sein, vor allem wenn er als Pflegekind lange Zeit auf andere Höfe geschickt wurde. „Dieses Verlangen nach mütterlicher Liebe begleitete ihn sein ganzes Leben."[15] Diese Erfahrung verschärfte jede folgende Erfahrung der Missachtung und des Zurückgesetztwerdens.

Dazu schmerzte es Jón Sveinsson, dass er manchen Verwandten und vor allem seiner Mutter nicht helfen konnte, die in ärmlichen Verhältnissen und krank in Kanada lebte. Er bedauerte, dass er in Lebenszusammenhängen eingepfercht war, von denen aus er nicht helfen konnte, und keine eigenen Mittel hatte, wie die Freiheit, aus eigenem Antrieb eine Reise zu unternehmen oder jemanden zu sich kommen zu lassen. Diese Ohnmacht machte er ein wenig dadurch wett, dass er ein eifriger Briefeschreiber war, aber einen diesbezüglichen kritischen Hinweis seines Oberen dann so interpretierte, man wolle ihm jetzt auch noch das Briefeschreiben verbieten, was aber nicht der Fall war. „Ich komme nie mit Isländern zusammen. Bin völlig eingeschlossen und werde das mit der Zeit auch in der Seele sein." Den Rektor nannte er in seinem Tagebuch böse und widerwärtig.[16] Dazu kam vor allem auch in dieser Zeit eine labile Gesundheit. So schrieb er an seine Mutter im März 1890: „Getrennt von allen Verwandten, der Welt. Strenger Orden. Nicht seine Eltern besuchen dürfen ..."[17] Als Knechtschaft bezeichnet er sein Leben.[18]

In einem Brief vertraut er 1886 seiner Mutter an, „dass es ihm fast unerträglich ist, länger im Orden zu bleiben. Er habe alles Leben und jede Jugendkraft verloren."[19] Anfang 1887 traf die Botschaft ein, dass seine Mutter nochmals geheiratet habe. Dann gibt es keine Einträge mehr ins Brieftagebuch bis Herbst 1888. Es ist nicht ganz sicher, was in dieser Zeit geschah. Aber es wird für möglich gehalten, dass Nonni tatsächlich geflohen ist, dass er Ordrup verlassen hat und ausgerissen ist. „Anstatt offen seine Meinung zu sagen und die strittigen Punkte Auge in Auge zu diskutieren, ließ er sich beschimpfen und beugte sich schweigend und stumm, bis das Maß voll war und er verschwand – für eine Weile."[20] Es wird sogar für möglich gehalten, dass er mit seiner Harmonika und mit seinen Zauberkunststücken Menschen, z.B. Seeleute in Kneipen, unterhalten hat. In dem Buch „Abenteuer auf den Inseln“ gibt es eine Geschichte, die diese Monate außerhalb des Ordens spiegeln könnte: Es ist die Geschichte, wie Nonni und sein Freund Valdemar sich einer Schaustellergruppe von „braunen Menschen“ anschlossen. Nonni spielte für sie auf der Ziehharmonika Polka, Walzer und Mazurka, wahrscheinlich Melodien, die er als Kind auf Island kaum gelernt haben dürfte. „Wie schon früher erwähnt, beherrschte der Autor die Kunst, die Tatsachen zurechtzurücken und Ereignisse seines Lebens in die Form eines Abenteuers zu gießen: Jón Sveinsson war wie der Nonni in der Geschichte vom Weg abgekommen und in die Gesellschaft fremder Menschen geraten, hatte aber den Heimweg wiedergefunden. Weiter kann man wohl nicht kommen auf der Suche nach Nonni in diesen dunklen Tagen auf Ordrupshoj.“[21]

2. Mutter: „Sie ist zwar protestantisch, aber fromm!"

Nach der Praktikumszeit 1883 bis 1888 in Ordrup schickt der Orden Jón Sveinsson zum Theologiestudium nach Ditton Hall bei Liverpool. Dem Orden war dort nach der Vertreibung aus Deutschland die Nutzung eines entsprechenden Gebäudes angeboten worden; 1876 wurde das Priesterseminar eingerichtet. Im September 1888 kommt Jón Sveinsson dort an. Hier fühlt er sich von vorneherein besser, trotz der starken Luftverschmutzung durch die Industrie in und um Liverpool. Mit anderen Mitbrüdern lernt er die Not der dortigen Industriearbeiter kennen und gewinnt derart, ähnlich wie vorher Manni, der besonders auch aus sozialen Gründen nach Island wollte, einen geradezu befreiungstheologischen Ansatz: „Ich will später am liebsten den Armen helfen, lieber als in einem prächtigen Schloss zu leben." Das Elend, das er wahrnehmen muss, geht ihm tatsächlich zu Herzen,[22] obgleich er sich ansonsten wenig konzeptionelle Gedanken macht über die Differenz sozialer Klassen und Schichten. Die Hauptsache ist für ihn offensichtlich, dass die Menschen gut sind, wo immer sie sich auf der sozialökonomischen Skala befinden.

In seinen Briefen an die Mutter tut er sich etwas hart, ihr zu erklären, was denn ein katholischer Priester sei. Er bittet sie jedenfalls um ihr Gebet. Am 31. August 1890 wird er vom Bischof von Liverpool mit anderen in der St.-Michaels-Kirche von Ditton Hall zum Priester geweiht. Am selben Tag feiert er die Primiz, die erste heilige Messe, und er ist stolz darauf, dass er als erster Isländer nach der Reformation das Messopfer darbringt.[23] Nun beginnt auch sein letztes Probejahr, bevor er die letzten Gelübde ablegt: zum Gehorsam, zur Armut, zur Keuschheit und zu einer besonderen Treue dem Papst gegenüber. Jedenfalls hat er hier keine Zweifel an seiner Berufung mehr und auch nicht an seinem Entschluss, Priester und daheim in Island Missionar zu werden. In dieser Zeit ist Nonni als Aushilfspriester tätig, vor allem im Zusammenhang mit der spezifischen Frömmigkeit, heilige Messen für bestimmte Anlässe lesen zu lassen und dafür entsprechende Messstipendien zu entrichten.

Nach der Priesterweihe musste Jón wieder in seine bisherige Arbeit an der Schule von Ordrup zurückkehren, wo er 20 Jahre bleiben sollte, nun aber verbunden mit seinen priesterlichen Diensten und in entsprechenden Aushilfen in der Umgebung. Er war an dieser Internatsschule, wo damals 32 katholische und 31 lutherische bzw. protestantische Schüler lernten und lebten, ein beliebter Gymnasiallehrer für Französisch, Altnordisch, Religion, Turnen und Zeichnen.[24] Es ging hier also eher um eine qualifizierte schulische Ausbildung als um konfessionelle Verschärfungen. In dieser Zeit kam es zu ersten Publikationen über die Schule in Jesuitenzeitschriften, er übersetzte auch Artikel, beispielsweise ins Dänische.

Von seiner Mutter hatte Sveinsson kurz nach der Priesterweihe einen Brief bekommen, in dem sie ihm eröffnete, dass auch sie nun zu ihm kommen und katholisch werden wolle. Mit großer innerer Erregung lud er sie ein, nach Kopenhagen zu kommen und dort zu wohnen. Er hoffte, dass seine Mutter in einer Familie oder bei Schwestern wohnen könne.[25] Nach diesem Brief war er offensichtlich derart glücklich und entlastet, dass er in sein Tagebuch mit großer Freude schrieb: „Will kommen, will kommen …"[26] In seiner Reaktion auf den Brief wird umso mehr deutlich, wie glücklich er über ihre Konversion gewesen wäre, weil er dann keine Sorge mehr um ihr Seelenheil gehabt hätte. Es tröstet ihn allerdings, dass er sagen kann: Meine Mutter, sie ist ein guter Mensch. Sie ist zwar protestantisch, aber fromm![27]

Sveinsson hatte bereits eine Unterkunft für die Mutter bei den Josefschwestern in Kopenhagen gefunden. Sie verschob die Reise aber immer wieder, um am Ende gar nicht zu kommen; zumal sie ja in Kanada verheiratet war und auch ihr Mann der Bitte Sveinssons, er solle doch der Mutter erlauben, nach Dänemark zu kommen, offensichtlich nicht nachkam. Sie ist auch bis zu ihrem Tod nicht zum katholischen Glauben übergetreten. Davon hatte Sveinsson bereits eine Ahnung, als der den Josefschwestern verdeutlichte: Falls sie käme, sollten die Schwestern keinen Einfluss auf ihre Glaubensanschauungen nehmen, denn das habe keinen Sinn. Sie sei nämlich standhaft und selbstständig im Denken.[28]

In diesem Hin und Her schreibt er 1907 an seine Mutter: „Erhoffe nicht zu viel von meiner Nähe, denn ich bin so matt geworden. Spreche kein Isländisch. Deutsche, so gegen mich, würden mir nicht erlauben, dich oft zu besuchen. ... Deine Beschwerden kommen natürlich vom Alter. Denke an den *Lohn*, der *bald* kommt. Besser, man sucht Trost bei Gott als bei der Natur. Hab keine Angst davor, dass ich die Deutschen nicht mag. Ich bin glücklich dabei: es ist nicht gut ohne Prüfungen zu sein."[29] Es geht der Mutter offensichtlich so schlecht, dass Sveinsson den Provinzial darum bittet, seine Mutter finanziell zu unterstützen, was dieser auch tatsächlich tut.

Am 14. April 1910 stirbt die Mutter. Jón Sveinsson fühlt sich nun „wie ein Fremdling mitten unter meinen Mitmenschen"[30]. Er kann ihr nun keine Briefe mehr schreiben und erhält auch von ihr keine Ermutigungen mehr. Umso mehr erfährt er jetzt auch, wie ihm in seiner Gemeinschaft zu wenig Achtung entgegengebracht wird, ja er wird sogar verdächtigt, seine Krankheiten nur zu erfinden

3. Reise nach Island: „Ich hatte ... keine Heimat mehr"

1894 wird Jón Sveinsson beauftragt, zu den Färöer-Inseln und nach Island zu fahren, um den wenigen Katholiken, die dort leben, priesterlichen Beistand zu leisten. Ansonsten hat der Orden keine Ambitionen in Island. Zwar haben die Isländer 1874 Glaubensfreiheit erhalten, aber ihr Interesse diesbezüglich ist minimal. Die Katholiken kann man an einer Hand abzählen.

Auf dieser Reise lernt er Ärzte kennen, die von Dänemark nach Island fahren, um dort die Ursachen der in der Bevölkerung um sich greifenden Lepra zu untersuchen. Die Ursache liegt vor allem in der Verwahrlosung und Unreinlichkeit in isländischen Wohnungen. Davon erschüttert, will Jón Spenden sammeln, um auf Island ein Leprahospital mit katholischen Pflegeschwestern zu finanzieren. Dabei erweist er sich als hervorragender Spendensammler, verfasst Briefe und Zeitungsannoncen und wendet sich an Geldgeber und Banker weltweit, an den Milliardär Rockefeller genauso wie an die Ölfirma Standardoil in den USA.

Mittlerweile gab es aber ein Konkurrenzunternehmen, das diesbezüglich das Feld nicht den Katholiken überlassen wollte. Vor dem Hintergrund der Vorurteile gegenüber der katholischen Kirche entschied sich die isländische Regierung für die Unterstützung eines durch Protestanten geführten Leprakrankenhauses, das später auch gebaut wurde. Parallel dazu wurde mit den Geldern, die Jón gesammelt hatte, ein kleineres Hospital gebaut, wo katholische Schwestern die Pflege übernahmen. Da die Protestanten schneller und erfolgreicher gewesen waren, schien es für die Katholiken zwecklos zu sein, „weiter an diese Einrichtung als Unterstützung der Mission zu denken …“.

Hier zeigt sich, wie selbst der Kampf um die diakonische Präsenz beider Kirchen zum Spielball der konfessionellen Auseinandersetzung wurde, wie sehr die Diakonie, wie sehr die Hilfe selbst für die Glaubensmission instrumentalisiert wurde. Jón Sveinsson war sehr niedergeschlagen, dass er für den Bau eines katholischen Krankenhauses, das für *alle* offen sein sollte, keine Unterstützung mehr bekam, unabhängig davon, wer in Geld- und Missionssachen Sieger war. Er konnte sich nicht ganz zu der Meinung durchringen, dass es doch immerhin gut sei, dass überhaupt Hospitäler errichtet wurden und dass von daher diese Konkurrenz in gewisser Hinsicht ein Erfolg war. Er hätte gerne selber dieses große Krankenhaus unter der Ägide der isländischen Regierung mitgetragen und mitgebaut. Nun war nicht nur, so in seiner Reaktion, sein in engerem Sinn des Wortes missionarischer Auftrag gescheitert, sondern auch sein starkes Motiv, auf Island den Armen und Kranken zu helfen, also der diakonische Auftrag. So schreibt er: „Es spielt keine Rolle, wenn ich mein Isländisch vergesse, denn ich habe in Island nichts zu tun." Daran gab er übrigens auch dem Rektor wieder einmal die Schuld, denn dieser war von vorneherein gegen die Sammlung gewesen und hatte ihn nicht unterstützt, weil er Angst um den Ruf seiner Schule hatte.[31]

Aus dieser ersten Reise nach Island entstand sein erstes Buch, „Über Stock und Stein", wo seine intensive Erzählkraft bereits zum Vorschein kommt. Fast drei Wochen reiste er durch Island, immer zu Pferde. Nach seiner Rückkehr hatten die Menschen, sogar seine Ordensbrüder, Vergnügen daran, seine Reisegeschichten zu hören, die er dann, nachdem er sie in seinen Lesungen getestet hatte, zu Papier brachte. Hier kommen bereits seine wichtigsten Eigenschaften als späterer Schriftsteller zum Vorschein: „eine genaue Beobachtungsgabe, Empfindsamkeit gegenüber der Schönheit und Großartigkeit der Natur und das lebendige Erzählen, bei dem er jede Gelegenheit ergreift, Spannung und Erwartung zu erzeugen."[32] Hier zeigt sich auch ein auffälliges Merkmal seiner späteren Schriftstellerei, nämlich Fragen an das Publikum bzw. die Leserschaft zu stellen, um Spannung zu erzeugen.[33] Er ist ein Meister der Dramatisierung: Ein Boot, das die Passagiere ans isländische Festland bringen soll, kämpft sich den Weg durch die stürmische See bis dahin, dass sie in höchster Lebensgefahr sind, zerschmettert zu werden.[34] Und es werden immer wieder lange Gespräche geführt, in denen die Menschen selbst viel von sich und von ihren Erlebnissen und Abenteuern erzählen.

Interessant ist folgende Entwicklung: Als Jón 1894 zum ersten Mal über seine Reise nach Island schrieb, tat er dies als Priester im Auftrag der Kirche. Vierzehn Jahre später, 1908, als diese Notizen dann als Buch erschienen, war alles, was diesen Auftrag betraf, aus dem Buch gestrichen. Er war nicht mehr katholischer Priester, sondern Gymnasiallehrer in Sommerferien. Es ging nicht mehr um Mission, sondern um die Freiheit des Menschen in dieser wunderbaren Natur, um ihre Gastfreundschaft und um die Kultur dieses Volkes. Und er erkannte: „Hier war vor vielen, vielen Jahren mein irdisches Paradies gewesen! Hier hätte ich eigentlich jetzt bleiben müssen, denn nirgends in der Welt konnte ich wohl so glücklich und geborgen sein. Aber daran war nicht mehr zu denken; ich hatte … keine Heimat mehr."[35]

4. Missionar auf Seeland: „ganz gegen das, was ich erhoffe"

Jón Sveinsson wird Missionar, aber ganz anders, als er es sich erwünscht hatte: Er sollte von der Schule aus auf „apostolische Sendfahrten" durch Seeland geschickt werden, um dort in Ringsted in der Mitte der Insel Seeland und in anderen Dörfern und Städten den katholischen Glauben zu verbreiten, aber auch um jene vereinzelten Katholiken zu besuchen, die dort wohnten. Vor allem von weltkirchlich-diözesaner Seite wurde dies gewünscht. Wegen seiner nordischen Abstammung hielt ihn der Orden für den am meisten geeigneten Missionar. Diese Arbeit war an den Wochenenden zu leisten. Jón Sveinsson widmete sich dieser Aufgabe mit viel Engagement: „Wenn meine Missionsarbeit einen solchen Weg gehen soll, ganz gegen das, was ich erhoffe, dann sage ich nur: Fiat voluntas tua! (Dein Wille geschehe!). Aber dass Gott ein solches Missgeschick geschehen lassen konnte, das ist in meinen Augen ein Geheimnis, das erst jenseits des Grabes eine Erklärung finden wird.“[36] Nonni bekam dafür keine finanzielle Unterstützung. Er musste sich alles selber besorgen und fuhr bei Wind und Wetter mit dem Fahrrad. Auch der Rektor unterstützte ihn überhaupt nicht, sondern tadelte ihn, wenn er zu spät nach Hause kam. Erzählungen und Geschichten von seinen Missionsreisen nach Seeland veröffentlicht er später, 1926, in französischen bzw. deutschen katholischen Zeitungen, dann als Buch mit dem Titel: „Nonni erzählt. Erlebnisse und Geschichten vom frohen Öresund“[37]. Hier kommt die Differenz zwischen Wirklichkeit und Erzähltext eindrucksvoll ins Bewusstsein.

Dabei hatte Sveinsson Phasen eines großen Gottvertrauens: „Da ich ja in der besten Absicht für Gott und seine Kirche arbeiten wollte, war ich überzeugt, dass ich alles erhalten würde, was ich brauchte. Ich wusste freilich auch, dass ich selber alles tun müsse, was in meinen Kräften stand, ehe ich Hilfe von oben erwarten dürfe.“[38]

Das Vertrauen auf Gott ist hier nicht nur in der Bedingungslosigkeit verwurzelt, sondern auch in der Tauschkalkulation zwischen eigener Kraft und der Kraft Gottes. Die Bedingungslosigkeit findet noch Ausdruck in einem Glauben, der auf Gott in der Not vertraut, aber sie endet damit, dass er nur hilft, wenn man auf Gott vertraut und für die Hilfe etwas leistet.[39]

Seine Ordensbrüder in Ordrup hatten herzlich wenig Interesse an dem, was er auf seinen Missionsreisen tat und erlebte. Als er Ende Januar 1902 einmal in der Kommunität davon erzählen wollte, folgte niemand seiner Einladung. Der Diözesanbischof dagegen war ihm sehr dankbar für all das, im Orden bekam er dafür kaum ein gutes Wort. Er hätte wohl Weltpriester werden können. Doch schreibt er an seine Mutter: „Ich will nicht aus dem Orden austreten."[40] Als ihn ein Islandminister in Ordrup besuchen will, sagt er, dass dies sehr schwierig sei, „denn ich bin wie ein Hund an der Kette"[41].

Auf insgesamt 193 „Sendfahrten" zwischen 1899 und 1904 waren es zwölf Personen, die durch sein Wirken in die Kirche aufgenommen wurden. Wenn jemand konvertierte, war es für Jón immer ein besonderes Erfolgserlebnis. Letztlich war dies das entscheidende Ziel. Dabei erlegte er den Menschen nicht unnötige Bedingungen auf.[42] Auf seiner letzten Reise nach Ringsted begleitete ihn Martin Meulenberg, ein Pastor der Montfortpriester. Mit ihm entstand bis zum Lebensende eine enge Freundschaft, „obwohl Meulenberg später die Rolle einnahm, von der Jón immer geträumt hatte, die er aber nie bekam: Priester und Missionar in Island zu werden". Meulenberg wurde apostolischer Vikar für Island und hatte damit bischöfliche Aufgaben.[43]

Angesichts der vielen und immer wieder anwachsenden Herausforderungen seiner Missionsreisen, verbunden mit seinen nicht geringer werdenden Lehreraufgaben, schreibt er im April 1900 an seine Mutter: „Das Leben ist so kurz, scheint mir. Wir müssen hier säen und jenseits des Grabes ernten. Gott schenke mir ein gutes Ende."[44]

5. Erzählkunst: „dass man regelrecht ergriffen wurde"

Natürlich gab es Widerstand von protestantischer Seite gegenüber Jón Sveinssons Missionsvorträgen im dänischen Seelandgebiet. Aber in der Art und Weise, wie Jón erzählte, von seiner Jugend, von seinen eigenen Vorurteilen gegenüber allem Katholischen und wie sich seine Ansichten änderten, als er das Katholische in eigener Erfahrung kennenlernte, diese erzählerische und zugleich informativ-unaufdringliche Art bewegte sogar aggressive Protestanten dazu, ihm nach dem Vortrag die Hände zu reichen und ihm dafür zu danken.[45] Ein lutherischer Geistlicher benannte seine Art so: „Sie sind gütig und treten niemandem zu nahe."[46] Er war ein bescheidener Mensch, wurde als solcher wahrgenommen und konnte mit seinen Erzählungen begeistern.

Der Ursprung für solche Wirkung liegt darin: Jón Sveinsson zeichnete in seiner Gottesbeziehung wie auch in seiner Menschenbeziehung, aber auch in seiner Begegnung mit der Natur und mit kulturellen Erfahrungen eine besondere emotionale Tiefe aus, eine stark entwickelte Empathiefähigkeit, die ihn auch öffnete für wenige treue Freundschaften und intensive Mitsorge. So schreibt er seiner Mutter. „Wenn du wieder einsam bist, dann glaube ich nicht, dass ich hier ruhig sein könnte."[47] Während er darauf verzichtete, mit den Mitbrüdern um die rhetorisch beste Predigt zu wetteifern, ermutigte ihn ein befreundeter Mitbruder: „... und die Schlussworte, ja, die waren so warm und schön, dass man regelrecht ergriffen wurde. Ich wusste sehr wohl, was für eine tiefe Erfahrung hinter dem steckte, was Sie über die Liebe gesagt haben, und ich sehe nun wieder, dass die Wahrheit erst dann zu wirken beginnt, wenn sie Leben enthält."[48] Dies galt vor allem für Geschichten, in denen es um Zuneigung, Sehnsucht und Schmerz ging. Hier konnte er jene Empathie übertragen, die ihn schon in seinem bisherigen Leben so viel Sehnsucht und Leid vermittelt hatte.

Hatte Sveinsson sich bereits in seinen Missionsvorträgen, in den Exerzitien, die er gab, und auch bereits in kleineren Publikationen in seiner Erzählkunst geübt, so war diese intensive Verbindung zum Narrativen auch ein charakteristisches Merkmal seiner Pädagogik. Die Schüler liebten ihn wegen seiner Geschichten und nicht zuletzt auch mancher seiner Zauberkunststücke. Sie holten ihn sogar manchmal sonntags zu sich, damit er von sich selbst erzählen konnte. Er war ein guter verständnisvoller Lehrer, auch ein guter Seelsorger, denn ein Gutteil der Schüler hatte ihn zum Beichtvater erwählt.[49]

Das Schreiben wurde für ihn zunehmend zu einer Passion. Schon seit seinen Studienjahren hatte er möglichst immer ein Notizbuch bei sich, wo er alles aufschrieb, was er schön und gut und nützlich fand, was er hörte, was er sah oder in einem Buch las.[50] Auch Zeichnungen von ihm gab es dort. Vor allem sammelte er Zitate aus altnordischen Schriften, zusammen mit seinen eigenen Gedanken. Die alten Sagen waren es, nicht etwa christliche Heiligengeschichten. Es war die literarische Verbindung mit seiner Heimat. In ihnen war er in gewisser Hinsicht zu seinem Ursprung unterwegs. Doch war dies für Sveinsson offensichtlich kein dogmatisches Problem, vor allem auch weil die isländischen Sagen in isländischen Klöstern tradiert und geschrieben wurden. In ihrer Nachfolge sah sich Sveinsson auch im Dienst dieses alten kirchlichen Auftrags. So schrieb er auf der Basis dieses Notizbuches Artikel über altnordische Literatur. Und dies war wohl auch das Fach, das er am liebsten in der Schule lehrte. Er war Mitglied der isländischen Literaturgesellschaft und kannte persönlich etliche isländische Schriftsteller und Politiker.

So beschäftigte sich auch sein erstes Buch, das 1906 herauskam, mit der altisländischen Literatur. Es erschien in Kopenhagen, also in dänischer Sprache, unter dem Titel „Islands Blomster“ (Islands Blüten).[51] Nach diesem Erfolg publizierte er 1908 die Erinnerungen an die Islandreise von 1894. Auch hier bekam er sehr gute Besprechungen. Gegenüber den Tatsachen erlaubte sich Sveinsson in seinen ausschmückenden und dramatisierenden Erzählungen auch größere Freiheiten. Diese Spannung zwischen Realität und Erfindung thematisiert Sveinsson selbst in einem Brief 1910 an die Mutter: „Darf ich in meinen Geschichten von Island etwas erdichten, d.h. von Ereignissen erzählen, die nicht stattgefunden haben?“[52]

In diesem Zusammenhang wuchs der Wunsch, wieder in seine Kindheit zurückzukehren und die damaligen Geschichten in ähnlicher Weise zu schreiben und zu veröffentlichen. Der Schreibtisch wurde ihm zum Hort der Freiheit. Und er bemerkt dabei, wie er seiner Mutter schreibt, dass bei seinen Geschichten immer wieder etwas

Trauriges vorkommt.[53] Umso mehr fühlte Sveinsson einen unwiderstehlichen Drang, „sich schreibend aus der Einsamkeit in das Traumland der Kindheit zu versetzen". Zugleich spürte er, dass seine Vorgesetzten seine Begabungen nicht besonders schätzten. Für sie war es wichtiger, dass er im Internat mehr als seine Pflichten erfüllte.

In diesen Jahren überfiel ihn eine schlimme Rheumaerkrankung mit fast unerträglichen Schmerzen. Wochenlang musste er im Bett liegen. Nach seiner Meinung hatte er diese Gichtschmerzen, weil man beim Turnunterricht in der Turnhalle schwitzte und es dort feucht war. Später tröstete er sich damit, dass Gott ihm zu Hilfe gekommen sei und ihn für all diese Leiden belohnt habe. 1909 suchte er in Aachen Heilung in der guten Pflege bei Krankenschwestern und danach mit Erlaubnis seiner Ordensoberen in Bad Nauheim. Er nahm sich vor, sich nicht wieder alles aufladen zu lassen. „Dafür habe ich nie einen Dank erhalten, ganz im Gegenteil hat man mir umso mehr aufgeladen, je mehr ich übernommen habe."[54] Wieder zurückgekommen, verstand er es als Befreiung von Pflichten, zu Vorträgen über Dänemark und Island eingeladen zu werden. „Dies war der Anfang seiner ruhmreichen Karriere als Vortragskünstler."[55]

4. Das eigentliche Leben

1. Hier „begann mein eigentliches Leben"

1912 konnte Pater Sveinsson endlich Ordrup verlassen, und wir finden ihn in Exaten in Holland, dem Hauptstützpunkt der Jesuiten in Nordeuropa, Sitz des Provinzials und Wohnung von publizierenden Wissenschaftlern, von Schriftstellern und Scholastikern des Ordens.[1] Eine andere Quelle spricht allerdings davon, dass Jón Sveinsson nach Holland geschickt wurde, um dort für Disziplinarvergehen früherer Jahre bestraft zu werden und auch ein Reiseverbot zu erhalten. Man kann sich vorstellen, dass dies wohl die Sicht und Absicht der Leitung in Ordrup war.[2] Sein Freund und Ordensbruder Friedrich Muckermann schrieb ihm kurz nach der Übersiedlung nach Exaten: „Mögen Sie alles vergessen, was Sie von Menschen haben erdulden müssen, damit nur das Schöne und Erhabene in Ihren Erfahrungen übrigbleibt. Im Herzen eines Dichters muss Frühling sein, der nie ein Ende nimmt."[3]

Jón Sveinsson wird später als alter Mann einem anderen Freund über seine ersten Jahrzehnte im Jesuitenorden schreiben, und zwar im Januar 1932 an den Sekretär des Königs von Dänemark, Jón Sveibjörnsson: „Wenigstens dreißig Jahre lang fühlte ich mich ständig wie ein lebendig Begrabener und wünschte mir oft den Tod. Ich las oft und bedachte, was im Buch Jesus Sirach steht, besonders im zweiten Kapitel, und versuchte, geduldig Gottes Besuch, Gottes Ankunft zu erwarten. Ich fühlte mich wie ein Stück unreines Gold, das, um geläutert zu werden, in camino humiliationis[4] (im Schmelzofen der Bedrängnis) liegen bleiben muss, … also in dem glühenden, brennenden Feuer[5] … Ja, über dreißig Jahre, Tag und Nacht, musste ich im brennenden, läuternden Feuer des Leidens liegenbleiben und sehr leiden. … Aber dann kam auf einmal die Befreiung und das große, große Glück, und das bleibt, wie das Leiden vorher."[6]

Später, in einem Artikel in der Jesuitenzeitung „America" für die USA, schrieb Nonni über diese Zeit: „Die Jahre, die ich in den nordischen Ländern verbrachte, waren hart und entmutigend. Ich hatte meine Bücher in meinem Kopf und in meinem Herzen. Aber ich bekam keine Zeit oder Ermunterung oder Erlaubnis, sie zu schreiben. Und dann, ein Jahr vor dem Krieg, wurde ich sehr krank. Ich ging nach Exaten, um mich zu erholen, und während ich dort war, entdeckte ich, dass ich bekommen hatte, was ich mir wünschte – Zeit, meine Bücher zu schreiben." Erst damals, als er 56 Jahre alt war, so schreibt Nonni, „begann mein eigentliches Leben". Und dann: „All diese Zeit habe ich für meine Bücher gebetet, dass sie sich gut verkaufen und der Welt Gutes tun möchten. Aber wenn so viele verkauft werden, bekomme ich Angst. Ich denke: ‚Mein Gott! Als alter Mann werde ich etwa stolz werden? Mein ganzes Leben habe ich es schwer, und nun Erfolg! Ist Gott mir böse?' Aber jetzt sage ich Dir, ich denke nein. Meine Bücher tun Gutes, weil ich jahrelang gelitten habe und keine Genugtuung erhielt. Damit Gott uns erlaubt, Gutes für ihn auf dieser Welt zu tun, ist es immer nötig zu leiden."[7]

Jón Sveinsson kam nach Exaten mit dem in dänischer Sprache geschriebenen Manuskript seines ersten *Kinderbuches*, „Nonni". Dort traf er auf einen berühmten Jesuitenschriftsteller, nämlich Pater Moritz Meschler, der ihm den Rat gab, er solle doch das Nonni-Buch ins Deutsche übersetzen und zuvor noch ein paar Monate lang ein besseres Deutsch lernen, vor allem durch die Lektüre der Werke von Johann Wolfgang von Goethe. Aber nicht nur die Sprache fand Sveinsson bei Goethe, sondern ihn beeindruckte auch, wie dieser über sein Elend, seine Triebe und Leidenschaften klagt und darin Selbstbeherrschung sucht. „Jón hatte in Goethe einen Seelenverwandten gefunden, der verstand, wie es ihm in den dunklen Stunden des Lebens ging."[8]

Mit Hilfe des alten Jesuiten Augustinus Sträter übersetzte und verfasste Sveinsson nun seine Geschichten in deutscher Sprache und publiziert sie in deutschen Jesuitenzeitschriften. Nach einem Jahr in Exaten ging es ihm dort sehr gut und er konnte sich dort ausschließlich dem Schreiben widmen. Von Jesuitenmitbrüdern wurde er dann auch ermutigt, seine künftigen Bücher bei Herder in Freiburg unterzubringen. Dort erscheint 1914 „Nonni", das zweite, „Nonni und Manni", kommt 1914 in Regensburg heraus. Ein Jahr später dann das dritte Buch, „Sonnentage"[9].

2. „Nicht nur katholische Leser, sondern alle, Gläubige und Ungläubige"

Mit der Publikation in Form von Büchern erweiterte sich dann auch das Publikum. Den katholischen Jesuitenzeitschriften ging es nur um katholische Leser und Leserinnen. Jetzt aber war Sveinsson bereit, auch für ein größeres Publikum zu publizieren und von daher den Text entsprechend zu verändern: „In meinem erwähnten Buch, das nun bei Herder im Druck ist, habe ich dennoch nicht nur katholische Leser im Sinn, sondern alle, Gläubige und Ungläubige. Ich wollte am liebsten immer so schreiben, zum allgemeinen Nutzen der Menschen und nicht nur der Gläubigen. In katholischen Zeitschriften ist das ein wenig schwieriger. Da wollen die katholischen Leser gerne etwas für ihre religiösen Gefühle haben. Glaubensstreitigkeiten, Gezänk und Auseinandersetzungen sind mir sehr zuwider, und ich möchte mich am liebsten für immer von so etwas fernhalten."[10] Schriftstellerischer Erfolg überlagert konfessionelle Mission und missionarische Rechtfertigung.

In der zweiten Auflage seines ersten Nonni-Buches sollte er auf Veranlassung des Verlags die Lobesworte für den französischen Gegner genauso weglassen wie die Dialoge zur Verteidigung des katholischen Glaubens. Sveinsson fügte sich dieser Bitte, der zweiten sogar mit beträchtlichem eigenen Antrieb. Denn auch er wollte, dass seine Bücher von allen jungen Menschen gelesen und geliebt würden. Er wollte nicht haben, dass sie eine katholische Bekenntnisliteratur waren, sondern dass sie in den Bibliotheken aller Schulen vorliegen sollten, mit Kindern aller Glaubensrichtungen.[11] So merzt Jón Sveinsson in der redigierten Auflage von 1916 des ersten Nonni-Buches die in der ersten Auflage relativ breit angelegte Rechtfertigung des katholischen Glaubens und der entsprechenden Konversion aus. Statt vom katholischen Glauben ist dann von einer fremden ungünstigen Umgebung die Rede, in der Nonni vielleicht Schaden an seiner unsterblichen Seele erleiden könnte. Und der Gastgeber in Kopenhagen ist nicht mehr das Oberhaupt der katholischen Gemeinde, sondern ein „feiner, vornehmer deutscher Herr".

Es gibt dafür wohl zwei Gründe: Zum einen gab es (die Erzählungen waren ursprünglich für junge Leser in katholischen Gemeinden in Dänemark bestimmt, wo insbesondere die Schule der Jesuiten positiv hervorgehoben wurde) von Seiten des deutschen Protestantismus eine Warnung vor den Nonni-Büchern. Denn sie seien nichts anderes als „ein gewaltiger Angriff der römisch-katholischen Kirche, und die Eltern sollten sich davor hüten, sie ihre Kinder lesen zu lassen“[12]. Hier wird deutlich, was für Jón Sveinsson in einem solchen Fall dann doch auch wichtig, ja wichtiger war: nicht nur die Rechtfertigung des Katholischen, sondern der Publikumserfolg seines Buches. Während seiner Schriftstellerjahre war Jón Sveinsson in der Tat immer sehr darauf aus, dass seine Bücher eine hohe Auflage hatten und möglichst weitverbreitet gelesen wurden. Nicht zuletzt deswegen ließ er sich gerne und vielfach zu entsprechenden Lesungen einladen.[13] Der konfessionelle missionarische Impuls schien für ihn überhaupt im Laufe seines Lebens gegenüber jenem „missionarischen“ Anliegen schwächer zu werden, dass möglichst viele Kinder seine Abenteuer lesen und sich daran erfreuen sollten, dass die Verbreitung der Nonni-Bücher nicht durch das katholische Element betonende Momente gebremst wurde. Vielleicht geschah dies auch aus im weiteren Sinne ökumenischen Gründen, nämlich dass es durch die Nacherfahrung der Erlebnisse, des Gemütes und des Mutes für das Gute des Isländers eine vital ökumenische gemeinsame Erlebnisbasis für die Kinder gibt, gleich welchen Glaubens sie sind: auf dem Weg zu einer überkonfessionellen „Ökumene dieses Publikums“.

Aber es gibt noch einen anderen, mindestens genauso starken Grund: Im Jahr 1916 befand sich die Welt mitten im Ersten Weltkrieg. Jón Sveinsson hat die Veränderungen am Text vor allem mit der Absicht vorgenommen, möglichst wenig von den Ansichten der Lutheraner und der Katholiken und von den Vorurteilen gegen die katholische Kirche vortreten zu lassen, deren Zeuge er nach seiner Aussage in seiner Kindheit auf Island geworden war. Er wollte nicht zusätzlich Zwietracht in dieser Zeit des Ersten Weltkrieges schüren[14] und nicht zu weiterem Zwiespalt beitragen.[15]

3. „dass Gott nur aus Liebe diese schwere Prüfung geschickt hat"

Der Orden schickte Jón Sveinsson im Spätsommer 1914 nach Feldkirch im Vorarlberg an das Gymnasium Stella Matutina, das einen ausgezeichneten Ruf und fast 500 Schüler hatte, Oberschichtenjungen aus der ganzen Welt. Auf dieser Schule waren so berühmte Schüler wie Alfred Delp, Kardinal Clemens August Graf von Galen, Hans Urs von Balthasar und Oswald von Nell-Breuning. Hier war Jón Sveinsson offensichtlich besonders mit dem gefragt, was er konnte: nämlich Schüler zu unterrichten und gute Geschichten zu erzählen.

Doch dann brach der Erste Weltkrieg aus und das Internat wurde zum Lazarett. Jón widmete sich der Seelsorge an den verletzten und verstümmelten Soldaten. Da er ausgezeichnet Französisch konnte, wurde er auch nach Weingarten geschickt, um französische Kriegsgefangene, die dort interniert waren, seelsorglich zu betreuen. Die Gefangenen schätzten und liebten ihn in seiner Güte, seinen lebhaften Gesprächen und auch in seiner Fähigkeit, Geschichten zu erzählen. Zum Leidwesen von Sveinsson ließen sich allerdings nur wenige davon überzeugen, zu beichten und die Sakramente zu empfangen. Für ihn standen hier ja ganz reale Menschenseelen auf dem Spiel.[16] In seiner Verzweiflung verschenkte er Bücher und Zigaretten und hatte damit etwas mehr Erfolg.

Obwohl er von der Not und von den Verwundungen der Soldaten wirklich erschüttert war, erweist sich seine Art, wie in diesem Leid mit Gott umzugehen ist, dann doch als etwas banalisierend. Einem 25-jährigen französischen Soldaten, der auf beiden Augen blind und dessen Gesicht von einem Bombensplitter zerstört war, vermittelt er, dass allem Übel auch ein Segen folge: „Sie können davon überzeugt sein, dass Gott Ihnen nur aus Liebe diese schwere Prüfung geschickt hat, nur um Sie glücklicher zu machen. Wir suchen alle das Glück, aber kein Mensch hat es noch jemals in äußeren Dingen, im Sinnenleben gefunden. Auch Sie hätten es nicht gefunden, selbst dann nicht, wenn Gott Ihnen auch Ihre beiden Augen gelassen hätte. Da findet man nur Trübsal und Elend. Das Glück ist nur in unserem Inneren zu finden, im Herzen, in der Seele, in einem guten Gewissen. Und wenn Sie jetzt ihren Vorsätzen treu bleiben, dann werden auch Sie bald das herrlichste Glück finden, ein Glück und einen Frieden, von welchem Sie bis jetzt noch keine Ahnung hatten; einen Genuss, der unendlich größer sein wird als alle Genüsse, die Sie in Ihrem bisherigen gottentfremdeten Leben gefunden haben."[17] Und er sagt ihm dies, nachdem der Soldat sich dazu bereit erklärt hatte, seinen Unglauben aufzugeben und die Sakramente zu empfangen. Hier kommt wieder sein einfach gestrickter Glaube zum Vorschein, „dass Gott niemanden verlässt, der ehrlichen Herzens und reinen Gewissens seiner Berufung folgt, nicht einmal in größter Bedrängnis"[18]. Dass sich Ergebung auch *nach* dem Widerstand ereignen kann, diese Hiob'sche Anklage Gottes kann im

Kontext der kirchlichen Kriminalisierung der Klage gegen Gott als „Hadern“ nicht in den Blick kommen.

Sveinsson selbst zeigt mitten in diesem schlimmen Krieg zwischen Frankreich und Deutschland, die er beide gut kennt, und überhaupt allen Völkern gegenüber ein großes Wohlwollen. „Und ich habe mich daran gewöhnt, ein gewisses allgemeines Wohlwollen gegen alle Völker zu haben.“[19] In diesem Sinn war Jón Sveinsson tatsächlich schon zu einer Zeit, als sich in Europa die Länder bekriegten, ein echter Europäer.[20] So war er auch gegen jede Art von Nationalismus, den er für böse hielt.[21] Dem entsprach auch der Geist an der Schule Stella Matutina. „Sein Ideal war Versöhnung und ein aufrichtig herzliches Verhältnis der großen Kulturvölker untereinander und Gerechtigkeit gegenüber den kleineren Nationen, deren Anteil am gemeinsamen Kulturschaffen nach seiner Überzeugung uneingeschränkte Anerkennung verdiente. Für Völkerversöhnung, Völkerfrieden und Völkerfreundschaft ist Nonni stets in Wort und Schrift eingetreten, so dass seine Freunde mit Recht hoffen konnten, die Verleihung des Friedens-Nobelpreises (für den er 1929 vorgeschlagen worden war, O. F.) an ihn durchsetzen zu können. Nach dieser Seite hin waren bereits aussichtsreiche Unterhandlungen im Gange, als die Stellungnahme des sogenannten ‚Dritten Reiches‘ gegen die Nobelpreise alle weiteren Bemühungen (in späterer Zeit, O. F.) in dieser Sache unmöglich machte.“[22]

4. Endlich Erlaubnis, „sein Talent zu nutzen“

In den folgenden Jahren darf Jón Sveinsson weitgehend seiner schriftstellerischen Berufung folgen, auch wenn ihn

Mitglieder des Ordens immer wieder ausbremsen; vor allem mit der Vorstellung, dass Kinderbücherschreiben doch nicht das eigentliche Ziel eines Jesuiten sein könne. Je nach den Personen in der Ordensleitung konnte er sich aber viele Freiheiten erkämpfen, vor allem für unzählige Vortragsreisen nicht nur in Frankreich und Deutschland, sondern auch in anderen europäischen Ländern. Dazwischen kamen Erholungs- und Heilaufenthalte in Bädern, z.B. Bad Nauheim, oder in der Obhut von Schwestern. Jedenfalls war aus seiner Perspektive die Zeit gekommen, „dass seine Oberen erlaubten, sein Talent zu nutzen, statt ihn unter bedingungslose Zucht und Unterordnung zu zwingen“[23].

Seine Bücher verkauften sich hervorragend: 1924 war eine halbe Million seiner Bücher verkauft. Die Tantiemen gingen zwar hauptsächlich auf das Konto des Ordens, doch schaffte er es, ohne Wissen der Ordensvorgesetzten ein Konto zu eröffnen, auf das ebenfalls Zahlungen von Seiten des Herder Verlags erfolgten. Seine Vortragshonorare gingen aber auf die Ordenskonten, so sehr, dass von Seiten der Oberen die Devise ausgegeben wurde, er solle möglichst viele Vortragsangebote annehmen und vor allem in Ländern, wo die Währung stabiler war als in Deutschland. Er wurde also zu einem ziemlich guten Geldbeschaffer seines Ordens.[24] So war er ständig unterwegs und hielt jährlich 100 bis 150 Vorträge. Bei Großveranstaltungen in Sälen oder auch im Freien waren bis zu 600 oder 700 Kinder anwesend. Auf einer seiner Vortragsreisen durch Deutschland traf er in Linden im dortigen Karmel Edith Stein.

Er war begehrter Vortragsgast in Schulen, ebenso bei Fachverbänden und Elternvereinen und höheren Bildungseinrichtungen, in Priesterseminarien und an Universitäten, auch in Nonnenklöstern, um dort Exerzitien zu halten. Dabei übernahm er sich immer wieder und musste sich entsprechend zurückziehen. Bei seinen Vorträgen an Universitäten, z.B. in St. Georgen in Frankfurt, hatte Sveinsson auch immer wieder Angst, deren wissenschaftlichen Standards nicht zu genügen und deren Argumentationen nicht gerecht zu werden. Immerhin konnte er von seiner Entwicklungsgeschichte erzählen, von seinen Erfahrungen als Missionar in Dänemark. Insgesamt hatte er also ein Material zusammengestellt, das auch seinen wissenschaftlichen Zuhörern wohl neu gewesen war, vor allem mit den Informationen über die altnordische Literatur, über die isländische Kultur und über die Geschichte der katholischen Mission auf Island.[25]

Die Nonni-Geschichten konnten es Ende der dreißiger Jahre sogar mit Karl May aufnehmen.[26] Schon in den zwanziger Jahren waren sie vornehmlich im katholischen Deutschland eine ernst zu nehmende Konkurrenz zu diesem.[27] Derart wurde er ein ziemlich berühmter Mann. Er wurde Ehrenmitglied der isländischen Literaturgesellschaft, was er mit großer Freude und mit Stolz annahm. 1928 bekam er das Ritterkreuz des Falkenordens durch den König von Dänemark verliehen.[28] Er wurde mit Dichtern wie Hans Christian Andersen, Selma Lagerlöf[29] und Charles Dickens verglichen.[30] Der isländische Nationaldichter Mathias Jochumsson hob ihn sogar in den Rang der isländischen Sagaschreiber selbst.

1924 kam er nach Italien an die Gregoriana und besuchte auch den General des Jesuitenordens. Diese Begegnung war katastrophal, weil der General offensichtlich überhaupt nichts von seinen Kinderbüchern hielt und ihm wohl sagte, dass ein Jesuit Dringlicheres zu tun habe.[31] Sveinsson war demgegenüber durchaus der Meinung, dass er auch mit seinen Kinderbüchern eine gute apostolische Arbeit leiste im Dienste der Kirche und des Glaubens, indem er den Menschen durch seine Erzählungen Lebensmut und Freude vermittle. Er hatte die Vorstellung, dass seine schriftstellerische Tätigkeit im weiteren Sinn auch eine seelsorgerliche war.

5. „Erst jetzt beginne ich, die ganze Schöpfung Gottes zu lieben"

Bis ins hohe Alter hinein musste er um seine Freiheit kämpfen. Mitte der dreißiger Jahre lebte er in Holland an der deutschen Grenze in Heerenberg, einem Bildungsinstitut des Jesuitenordens. Hier erlebte er wieder die Verständnislosigkeit des Provinzials: „Ich kam hierher kerngesund und voll Frische und Fröhlichkeit. Jetzt ist alles das verschwunden. Vom Alter kommt es nicht, sondern von dem Mangel an der mir absolut notwendigen Anregung. Ich welke dahin wie eine Blume, die in einen Keller hineingestellt worden ist. Man braucht kein großer Psychologe zu sein, um zu wissen, dass eine ausgesprochene Künstlernatur eine eigene Behandlung braucht."[32]

Doch dies war offensichtlich der letzte Kampf um seine Freiheit. Unter dem neuen Provinzial der norddeutschen Provinz, Pater Wilhelm Klein, bekam er alle Freiheiten für künftige Reisen und Tätigkeiten. Der Herder Verlag organisierte diese Reisen, auf denen er immer bestens, vor allem bei Klosterschwestern und in Priesterhäusern, untergebracht war. Es war dies eine für Jón Sveinsson befriedigende und glänzende Zeit: in der Abwechslung von Schreiben, Vortragsreisen (in der Werbung für seine Bücher und für Island überhaupt) und, wenn er sich dabei überarbeitet hatte, in Erholungsaufenthalten in deutschen Heilbädern.[33] Im Sanatorium von Königstein 1935 schreibt Nonni: „Ich kann kaum verstehen, wie Gott so gnadenreich durchs Leben führen hat können, trotz meiner maßlosen Gedankenlosigkeit und meines Unverstands. Erst jetzt beginne ich, die ganze Schöpfung Gottes zu lieben, wie ich soll."[34]

Aber gerade in dieser Zeit plagten ihn schmerzhafte Gewissensbisse und entsprechende Träume. Vor allem, dass er durch seinen Lebenslauf gezwungen worden war, die Eltern und Geschwister zu vernachlässigen und sie alleine sterben zu lassen. Seine Antwort auf diese angstvollen Träume war seine Spiritualität: „All diese Leiden kommen von Gott, der uns prüfen will, ohne uns Schaden zuzufügen."[35] Und dazu kam die immer noch tiefliegende Angst um das Seelenheil seiner Lieben, die – außer Manni – nicht im Gnadenschoß der heiligen Mutter Kirche gelebt hatten. „Mir scheint, ich steh allein im Leben, in der Welt. Mein einziger Freund, Vater, Herr, Wohltäter ist Gott. – Oh mein Gott, ich werfe mich nun in Deine Arme. Und ich habe nun bloß den Wunsch, bei guter Gesundheit noch viele Jahre leben und arbeiten zu können."[36] Und auch die Eltern des angesprochenen Freundes, Maria und Josef, gehörten zu denen, die ihm Freund waren und Trost gaben. „Nonni hatte eine Familie, Bruder, Vater und Mutter, die bis zum Lebensende zu ihm hielt." Gott war in Christus Bruder, er war als allmächtiger Gott der Vater und Maria war die Mutter. Sie standen Nonni zur Seite und halfen ihm.[37] Derart entwickelte Jón Sveinsson gerade im Alter einen ausgesprochen kindlichen Glauben hinsichtlich der Heiligen Familie, durchaus ähnlich wie jenes Vertrauen, wie es in Nonnis Geschichten der Mutter und auch Gott gegenüber erzählt wird. Beide Zeiten, beide Seiten und Erlebnisbereiche fallen gewissermaßen ineinander und seine Spiritualität bleibt im ursprünglichen Kindesverhältnis verwurzelt.

Auf der anderen Seite war sich Sveinsson durchaus im Klaren, dass er all das, was er erlebt hatte, auch sein Weg zur Schriftstellerei und seine jetzige Freiheit, seinem Lebensweg in diesem Orden verdankte. So schrieb er an seinen Bruder in Kanada, der ihm zu verstehen gab, dass er mit so viel Tantiemen, wenn er aus dem Orden austrete, doch ein reicher Mann sei und sich alles leisten könne: „Es ist wahr, wie es nun steht, könnte ich – wegen meiner Bücher – ganz unabhängig und wohlhabend genug leben. Aber ich könnte nicht zufriedener mit meinen Lebensumständen sein, wenn ich den Orden verlassen würde, als ich es bin. … Wir sind ungefähr Zwanzigtausend in der ganzen Welt – viele auch bei Euch in Kanada und in den U.S. – alles ist in bester Ordnung in der Gemeinschaft. Und wohin ich auch reise und gehe, finde ich meine Kameraden vor und ein Haus und Einrichtungen, die mich aufnehmen und mich dann so behandeln wie die, die dort wohnen.“[38] Man kann überhaupt bei Nonni feststellen, dass er seinen Orden nach außen hin meist verteidigte, während er nach innen, und dann auch nur bestimmten Menschen gegenüber, schärfste Kritik zum Ausdruck brachte, vor allem wenn er unter den Oberen furchtbar litt.[39]

6. Laxness: „wirkliche Kunstwerke" und „unglaublich bescheiden"

Im Herbst 1923 besuchte Halldór Laxness, ein junger isländischer Student, den berühmten isländischen Erzähler und Autor in Paris. Laxness war 1902 in Reykjavik geboren worden, also 45 Jahre jünger als Sveinsson. Er stammte aus einem wohlhabenden Haus und studierte in europäischen Ländern. 1922 trat er in das Benediktinerkloster in Clairvaux in Luxemburg ein. Er wurde dort getauft und Anfang 1923 gefirmt. Bei der Firmung übernahm er den Namen des irischen Märtyrers Kiljan. Er studierte Französisch, Latein, Theologie und Philosophie. Er wurde Mitglied einer Bewegung, in der man für die Rückkehr der nordischen Länder zum Katholizismus betete. Während seiner Aufenthalte in Amerika schwächte sich der katholische Einfluss ab und er wandte sich dem Sozialismus zu. Denn Laxness hatte „keine Freude an diesen liturgischen Jonglierereien; das ist alles andere, als was ich am Christentum (der heiligen Kirche) schätze“[40].

Halldór besuchte mehrmals Jóns Vorträge und fand sie außerordentlich unterhaltsam, diese eindringlichen Schilderungen Islands zusammen mit den Abenteuern des kühnen Jungen. Halldór erzählt, dass die Zuhörer vor Spannung den Atem anhielten oder außer sich waren vor Begeisterung und Vergnügen.[41] Manche Hörer erfuhren es als eine „Gnadenstunde“, den Vorträgen Sveinssons zuzuhören.[42] Ein weiteres Urteil lautete, dass seine Erzählungen die Menschen zu besseren Menschen machen und einen sehr guten Einfluss auf die Kinder haben.[43]

Sveinsson verdankt Laxness mehrere Artikel, mit denen er auch in Island bekannt wurde. Halldór Laxness lobte die Erzählungen Sveinssons in ihrer besonderen Eigenschaft, „die Menschen zur Bewunderung der Geschichte der kindlichen Tugenden einzuladen". Er lobte nicht nur den unvergleichlichen Erziehungswert der Bücher, sondern verteidigte auch ihren literarischen Rang als „wirkliche Kunstwerke". Zwiegespalten zwischen Lob und Unbehagen schreibt Laxness aber auch: „An der Genialität Jón Sveinssons als Autor kann niemand zweifeln, auf welcher Seite er auch stehen mag; hier spricht eine edle Seele aus den Zeilen, und der Leser wird es bald gewahr werden, dass die Persönlichkeit, die ihr Ursprung ist – wie menschlich sie auch sei – hoch über das Alltägliche erhaben ist und dass hier ein wahrer Gottesmann spricht. Es liegt etwas Unberührtes und Makelloses über Jóns Stil und Sprache, eine anmutige Keuschheit. Und seine Sätze strahlen einen ähnlichen Liebreiz aus wie hundert kleine Kinder in weißen Kleidchen, die an einem hellen Frühlingstag in einer Prozession eine sonnige Straße entlanggehen und von der Mater Dei singen, ohne selbst irgendeine Vorstellung ihrer eigenen Schönheit zu besitzen."[44] Später, als Literatur-Nobelpreisträger, lässt er dem ambivalenten Urteil freien Lauf: „Ich fand, dieses Buch sei eher von einem zwölfjährigen Knaben geschrieben als über einen solchen. Und dann war dieser Junge so gut erzogen – was mich betraf, war es unmöglich, im Geiste sein Kamerad zu werden. Seine Bubenstreiche waren dementsprechend harmlos."[45] Solche Kritik stürzte Sveinsson immer umso mehr in seine schon bestehenden Selbstzweifel hinsichtlich der Qualität seiner schriftstellerischen Tätigkeit: „Er konnte sich nie von diesen nagenden Zweifeln an sich selbst und den Minderwertigkeitsgefühlen im Vergleich zu anderen Schriftstellern losmachen."[46] Während sich Laxness 1925 in einem Brief an Sveinsson als dessen Bewunderer bezeichnet hatte[47] und 1936 in einem Interview sagte, dass Nonni der Inbegriff isländischer Erzählkunst und isländischen Witzes sei,[48] gab es dazwischen aber auch diese anderen, kritischen Töne. Diese Schwankungen Sveinsson gegenüber haben wohl auch mit der Konkurrenz um den *Literatur*-Nobelpreis zu tun. Die Konkurrenz um die Nobel-Ehrung gab es unter den isländischen Schriftstellern seit den dreißiger Jahren. So kämpfte Laxness auch gegen Einar Kvaran, einen einflussreichen Schriftsteller, der in den dreißiger Jahren ebenfalls für den Nobelpreis im Gespräch war.

Die Freundschaft zwischen Sveinsson und Laxness kühlte sich dadurch ab, dass Halldór Laxness sich vom Glauben an die katholische Kirche entfremdete und wieder austrat.[49] Als Jón Sveinsson diesem gegenüber bestimmte Lebensregeln in Erinnerung brachte, hatte Laxness genug. Er bedankte sich für die guten Ratschläge und bat um Verzeihung, dass sie ihm nicht alle gefielen; denn Sveinsson sei geneigt, sich nach den Wünschen des Publikums zu richten. Dafür aber sei die Berufung des Schriftstellers zu heilig.[50] Für Laxness war Jón Sveinsson in dieser Hinsicht kleinbürgerlich, für Jón Sveinsson selbst war Laxness zu bolschewistisch. Jedenfalls weigerte sich Sveinsson, Laxness auf nichtkatholischem Grund zu folgen.[51] Nach dem Tod Sveinssons verleugnete Laxness seine positiven Reaktionen auf „Nonni“ völlig. Nun, 1955, Nobelpreisträger geworden, sprach er mit Blick darauf von Langeweile, guter Erziehung und Harmlosigkeit.[52] Er nannte die Bücher „unglaublich bescheiden“, einfältig und seine christliche Spiritualität „ohne Hormone“.

5. Mit 80 Jahren um die Welt

1. New York: „je höher die Bauten, um so näher liegt Gottes Erbarmen"

Irgendwie waren die Nonni-Bücher immer auch Reiseerzählungen. In seinem letzten Buch, „Nonnis Reise um die Welt“, erzählt Sveinsson von einer Begegnung mit Jules Verne in Amiens „als Vorspiel zu der großen Reise, die er viele Jahrzehnte später unternommen hat, zwar nicht in achtzig Tagen, sondern mit achtzig Jahren“[1]. Dabei ist nicht klar, ob Nonni tatsächlich Jules Verne in seiner Zeit in Amiens besucht hat, wo dieser berühmte französische Schriftsteller wohnte.

Mit über 80 Jahren bekommt Jón Sveinsson die Möglichkeit, nach Japan zu fahren. Hintergrund ist u.a. die Gründung einer Jesuitenhochschule, der Sophia-Universität, in Tokio im Jahre 1913. Diese Niederlassung wurde betrieben unter der Ägide der norddeutschen Provinz des Ordens. Sveinsson selbst verband diese Weltreise rückschauend mit einem langersehnten Traum aus der Kinderzeit, als er mit seiner Mutter zum ersten Mal den Globus betrachtete und nach den vielen Ländern der Erde fragte.[2] Möglicherweise war man im Orden der Ansicht, dass „die Berühmtheit dieses Mannes der Mission in dem Land nützen könnte und der Hochschule …“[3] Nonni freute sich auf diese Reise, aber er hatte auch Angst davor, vor allem hinsichtlich seiner Gesundheit.[4]

Eine wichtige Station dieser Weltreise waren zunächst die Vereinigten Staaten. Jón Sveinsson kam in New York an Land, besuchte dort die Fordham-Universität und wurde aufmerksam wahrgenommen mit Artikeln in der Times und in der Wochenzeitschrift der Jesuiten „America“. Dort wurde Jón Sveinsson mit Mark Twain verglichen: was Tom Sawyer für die USA, sei Nonni für Europa.[5] In seinen Reiseerzählungen erwähnt Sveinsson allerdings überhaupt nichts vom Besuch des Kardinals Eugenio Pacelli an der Fordham University, dem er selber beiwohnte. Dies hielt er für nicht interessant und spannend genug.[6]

New York selbst empfand er als eine großartige Stadt. Vor allem die Wolkenkratzer beeindruckten ihn, und er sah in ihnen notwendige und auch von Gott geschützte Wohnstätten: „Und da nach Seinem eigenen Wort ‚kein Haar von unserem Haupt und kein Ziegel von unserem Dache fällt ohne Wissen und Willen des Vaters‘, so werden auch diese Riesenbauten und diese Massen von Menschen in Seiner Hand ruhen. Je höher die Bauten werden und je größer die Massen der Menschen, umso näher liegt Gottes Erbarmen.“[7] Hier gewinnt Nonnis Glaube an die Barmherzigkeit Gottes eindeutig universale Züge. Denn er fragt hier nicht mehr nach der Glaubensbedingung, sondern zitiert ein Erbarmen Gottes, das allen Menschen gilt. Dazu passt auch: In Winnipeg, Kanada, hatte er eine Einladung zum dortigen Erzbischof, und die Meinung des Erzbischofs, dass er entschlossen sei, die Isländer hier zum katholischen Glauben zu bekehren, wird in der Reiseerzählung weggelassen.[8]

Mit der neuen Freiheit des Schriftstellers und seiner Sehnsucht, alle Menschen zu erreichen, hatte sich auch etwas in der Glaubensstruktur Sveinssons verschoben. Überhaupt galt: „Die Leser sollten nicht alles wissen, was ihn beschäftigte, seine Verzweiflung und die geistigen Leiden sollten nicht zur Sprache kommen und auch das meiste, das direkt mit dem katholischen Glauben und der Kirche zu tun hatte."[9]

Immerhin, wenn es um Sveinssons Erzählungen im katholischen Umfeld ging, erzählte er bis ins hohe Alter hinein gerne von seiner Konversion. In der Jesuitenhochschule in San Francisco konnten die Priester und Studenten gar nicht genug davon bekommen.[10] So gehörte sein Glaubenswechsel auch zu den Themen im Heythrop-College (bei Oxford) in England auf seiner Rückreise aus Japan, aber auch seine Leiden in Ordrup, das Glück und der Erfolg danach. Für die Studenten war dies immer ein erbauliches Thema.[11]

2. Japan: „gleich welchem Volk oder welcher Religion sie angehörten"

Die Reise nach Japan wurde für Jón Sveinsson nicht nur ein Erfolg, sondern auch ein tiefgreifendes spirituelles Erlebnis. Es gab damals in Japan ein Interesse an europäischer Literatur, vor allem auch an Märchenerzählungen, die japanische Menschen besonders gern hatten. Beispielsweise war Andersen in Japan bereits bekannt. So konnte man sich die Übersetzung von weiteren Abenteuergeschichten wie die von Nonni gut vorstellen. Jón Sveinsson wusste seine Themen zu setzen, mit differierenden Rollen: An der Sophia-Universität sprach er über seinen Glaubenswandel, und an der staatlichen Universität in Tokio sprach er über die Edda-Mythen, nicht als Priester also, sondern als Experte für Nordistik.[12]

Zu seinen Veranstaltungen kamen Hunderte von Kindern, die diesen alten Mann mit weißem Haar bewunderten und der sie faszinierte.[13] Auch Jón Sveinsson bewundert das japanische Volk, die Tüchtigkeit, die Höflichkeit, die Unerschrockenheit, die Selbstständigkeit und Selbstbeherrschung der Kinder: „und dieses wunderbare japanische Volk! Es ist das bemerkenswerteste und wunderbarste Volk, das ich auf Erden kenne, es übertrifft sogar das isländische … Ihre Höflichkeit und Ehrerbietung einer gegen den anderen ist so, dass man anderswo auf der Welt nichts derartiges sieht.“[14] Jón Sveinsson hielt das japanische Volk auch für das religiöseste Volk der Welt und für das Christentum wie gemacht.[15] Zugleich anerkannte er, „dass die Buddha-Mönche ein Muster edler Frömmigkeit waren, so dass sogar Jesuiten ihre Klöster aufsuchten, um kennenzulernen, wie man geistliche Übungen in tiefem Ernst vollzog.“[16]

Möglicherweise konnte er diese offene Haltung japanischer Frömmigkeit gegenüber auch in Gesprächen mit Pater Hugo Lassalle (1898–1990) vertiefen, der ebenfalls zur norddeutschen Provinz gehörte und den Pater Klein nach Japan geschickt hatte mit dem Auftrag, die katholische Sophia-Universität zu verwalten und die Verkündigung des Evangeliums mit sozialem Engagement zu verbinden. 1935 wurde Lassalle Ordensoberer der Jesuiten in Japan. Später wurde Lassalle Zen-Meister und so ein eindrucksvoller Wegbereiter für eine intensive Begegnung zwischen Christentum und Zen-Buddhismus.

Wenn Jón Sveinsson an Mission dachte, dann immer an die Konversion zum katholischen Glauben und damit zum eigentlichen Heil. In Japan aber lernte er einen christlichen Missionar kennen, der nicht katholisch war, ein Isländer von der Abstammung her, im Auftrag für eine amerikanische Missionsgesellschaft, verheiratet mit einer isländischen Frau. Sie hatten miteinander vier Kinder. Nonni besuchte sie und blieb dort neun Tage. Dies war für ihn „eine herrliche Zeit". Am meisten bewunderte er die Frömmigkeit dieses Mannes, die Gottesfürchtigkeit des ganzen Familienlebens. Sie machten Hauslesungen und beteten und besuchten Kranke. Jón fragt sich: „Warum konnten diese guten Leute nicht zusammen in einer Kirche sein?"[17] Diskussionen über Glaubensdinge selbst vermied Sveinsson. Aber diese beiden Eindrücke, nämlich in dieser diakonisch aktiven und frommen Familie auf der einen Seite wie auch in der Erfahrung der Frömmigkeit innerhalb des japanischen Buddhismus ihren Heiligtümern gegenüber, gaben ihm „eine größere Weitsicht" und überzeugten ihn noch fester davon, „dass man vor allen Menschen Achtung haben sollte, gleich welchem Volk oder welcher Religion sie angehörten", bis hin zur theologischen Einsicht: Die Vielfältigkeit der Menschen und Völker mit ihren Erscheinungsweisen und Haltungen sei eines der „Wunder des Schöpfungswerkes"[18].

Jón Sveinsson ist in Hochstimmung in Japan: „Ich bin nämlich eigentlich nicht mehr der elende kleine Nonni, sondern ich bin erhöht und bin nun der ‚neue Hans-Christian Andersen' unserer Zeit; und nicht nur das, sondern ich bin auch ‚der Mark Twain Europas' geworden. Es muss wohl irgendwie mit der Seelenwanderungslehre zusammenhängen. Diese zwei tüchtigen Seelen sind vielleicht, ohne dass ich es merkte, in mich hineingeschlüpft und sitzen da in meinem Körper mit der meinigen zusammen. Sie sehen, ich fange schon an, das Asiatisch-Orientalische in mich aufzunehmen." Der Erfolg in Japan wird ihm zum

Anerkennungsraum und darin auch zur Anerkennung von Vorstellungen, die er eigentlich vom Glauben her ablehnen müsste. Immerhin: Der alte Jón Sveinsson leistet sich in Japan so etwas wie eine interreligiöse Empathie, in der er ahnt, was die andere religiöse Vorstellung für eine positive Seite hat; durchaus analog zu Goethes Empathieprojekt hinsichtlich der Gedichte des persischen Dichters Hafis im west-östlichen Divan.[19] Jón Sveinsson ist offen für synkonkrete[20] Anwandlungen und Anverwandlungen, wie dies ja auch seine Offenheit für die isländische Geisterwelt bezeugt (siehe unten Kap. 6.1).

Dabei ist allerdings immer auch sein Gewissen wachsam und seine Beziehung zu seinem Freund Jesus bleibt das Herzstück von allem. Und hier kommen ihm die Zweifel vor gefährlichen Gedanken, Einbildungen und Wünschen. Die Ängste rumoren also unterschwellig weiter, aber darüber bilden sich bereits eine neue Sicht und ein anderer Zusammenhang. Die Freude, die er in Japan haben durfte, vermischt sich manchmal sogar mit der (ver-)zweifelnden Frage: „Er wusste nicht, wie er das begreifen sollte. Immer wieder musste er an seine Eltern und Geschwister denken. Warum fiel ihm all dieses Glück in den Schoß und nicht ihnen? Was dachte Gott? Er konnte das nicht verstehen.“[21] Er stößt sich an der Ungerechtigkeit der Erwählung und schreibt: „Ich denke an die Mysterien der Existenz. Die Rätsel des Daseins. … Warum ging alles auf diese Weise? Besonders was mich betrifft? Ich war so böse, sinnlich, feig: erst die Leiden und dann das glänzende Glück!? O Gott, sei mir Sünder gnädig!“[22] Nächtelang kann er wegen dieser Unverdientheit und Spannung nicht schlafen.

Die Verantwortlichen an der Sophia-Universität wollten Jón Sveinsson behalten. Sie boten ihm, nachdem sie seine Betrachtungen und Exerzitien gehört hatten, an, Spiritual der Priestergemeinschaft zu werden, und verliehen ihm am 16. November 1937 den Titel eines Ehrendoktors der Philosophie. Ihrer Meinung nach brachte er auch viel Sonne und Fröhlichkeit in die Gemeinschaft: mit seinem Harmonikaspiel, mit seinen Zauberkunststücken und den Erzählungen.[23]

3. Köln: „dass Gott für alles in allem sein möge"

Aber Jón Sveinsson vertrug das Klima in Japan nicht gut, auch seine Rheumaschmerzen ließen nicht nach, und auch die Akupunkturbehandlung hatte keine Erfolge. So kam der Abschied am 18. März 1938. Jón Sveinsson schreibt: „Ich aber fuhr dahin mit dem glücklichen Gefühl, etwas dazu beigetragen zu haben, den westlichen und den östlichen Menschen – Europa und Asien – miteinander zu versöhnen und den Frieden auf Erden zu verkünden."[24] Vor allem in sich selber hatte er diese beiden Welten versöhnt. Und war damit in einer anderen Weise als sein Vorgänger Franz Xaver Missionar geworden, nicht hinsichtlich einer Konversionsstrategie, sondern hinsichtlich einer neuen Begegnungskultur.[25]

Mit der Heiligen Familie Jesus, Maria und Josef hat er bis in die letzten Lebensjahre ständigen Kontakt, mit ihnen bespricht er vieles und sie besuchen ihn auch in seinen Gebeten. Sie helfen ihm, seine Rheumaschmerzen auszuhalten und vor allem das letzte Werk, „Nonnis Reise um die Welt" (erschienen in zwei Bänden, im ersten vor allem nach England und Amerika, im zweiten besonders nach Japan) zu Ende zu bringen,[26] was ihm fast gelingt.[27] „Und nun erwarte ich eines von zwei Dingen: das Leben oder den Tod. Und ich bitte Gott, meinen besten Freund und Vater, mich mit Freundlichkeit in der Ewigkeit zu empfangen, wenn ich jetzt sterben sollte."[28]

Nach seiner Rückreise lebt Nonni in Valkenburg, im Ignatiuskollegium in der „Holländischen Schweiz". Hier erzählt er den Mitbewohnern von seinen Reisen und erprobt darin das, was er dann zu Papier bringen will. Hier feiert man seine sechzigjährige Mitgliedschaft im Orden. Am 10. Mai 1940 marschieren die Deutschen in Holland ein, 1100 belgische Gefangene werden nach Valkenburg gebracht und in einem Park beim Priesterheim eingesperrt. Jón geht zu ihnen und spricht mit ihnen.[29] Die Jesuiten müssen dann Valkenburg verlassen, werden auf Lastwagen geladen und über die Grenze nach Aachen gefahren. Jón kommt in das Marienhospital der Stadt und erleidet dort einen schweren Herzinfarkt. Wegen der ständigen Luftangriffe kommt er schließlich in das Antoniushospital in Eschweiler bei Aachen. Immer noch versucht er sich an der Fortsetzung des Buches, sein Sehvermögen wird allerdings schwächer und auch sein Gedächtnis lässt nach. Aber die Messe kann er noch lesen, vor allem die Messe zur Gottesmutter, die er auswendig kann.[30]

Am 21. Mai 1944 diktiert Jón in einem Brief: „Es kann ja in alten und kranken Tagen Stunden geben, in denen man sich nicht gerade unglücklich fühlt, die aber doch einsam sind wie eine weite, baumlose Wegstrecke. ... Du siehst, der liebe Gott will den alten Nonni noch nicht. Er soll sich vor seiner letzten Reise noch mehr bereiten ... Meine Gedanken gehen immer wieder zurück nach Island und zu meinen alten Freunden, vor allem meiner Mutter, zurück. Ich hoffe, dass für mich flatterndes Vöglein der Wunsch der Mutter, dass Gott für alles in allem sein möge, bald in allerschönster Bedeutung in Erfüllung gehen möge."[31]

Im September 1944 kommt Nonni ins Krankenhaus der Franziskusschwestern in Köln und wird dort im Luftschutzraum untergebracht. Noch die Tage vor seinem Tod bittet er die Schwestern des Franziskushospitals, ihn Nonni zu nennen, „denn so hat meine Mutter mich immer genannt". Nonni stirbt am 16. Oktober 1944 im Alter von 86 Jahren.[32]

Guðmundsson endet seine Biographie mit folgenden Sätzen: „Inzwischen war es Mitte Oktober, die Bomben hagelten auf die Stadt, alles im Luftschutzraum war in heftiger Erschütterung. Das kam ihm ziemlich bekannt vor. Das Bett bewegte sich vor und zurück, und in der Ferne hörte man Maschinengeräusche. Er sah auf und fragte: ‚Bin ich an Bord eines Schiffes?' Am Montag, dem 16. Oktober 1944, trat er seine Reise über die große Tiefe an zu dem Land, wo die Berge ‚in hellen Flammen standen – Flammen aus Purpur und aus Gold!'"[33] Sein Mitbruder und Biograph Hermann A. Kruse schreibt: „Mit einem heiteren und zufriedenen Ausdruck in den Zügen ist er am 16. Oktober 1944 im 87. Jahre seines Lebens verschieden. Die Fliegergefahr ließ es nicht zu, ihm, der friedensstiftend die ganze Welt durchzogen hatte, ein friedliches, würdiges Begräbnis zu bereiten. Nur zwei beherzte Mitbrüder begleiteten den Sarg."

Pater Jón Sveinsson wurde am 19. Oktober 1944 auf dem Friedhof von Köln-Melaten im Gemeinschaftsgrab der Jesuiten beigesetzt, während die Bombenflugzeuge über der Stadt schwebten. „Der einzige Vertreter der vielen Verehrer Nonnis war ein siebzehnjähriger Junge, der am selben Morgen in der Zeitung von der Beerdigung gelesen hatte.“[34]

6. Lebensressource Island und Kindheit

1. Stolz auf Island: „Wie winzige Zwerge ritten wir durch diese großzügige Landschaft hindurch"

Worauf Jón Sveinsson ein Leben lang stolz ist, ist die Tatsache, dass er ein Isländer ist. „Nonni genoss es die ganze Zeit, dass er ein solch besonderes Phänomen war: ein isländischer Junge, frei und stark, der in der unverdorbenen Natur der Insel am Rand des Meeres aufgewachsen war." Immer wieder erzählt er, wie seine Umwelt entsprechend darauf reagiert und verwundert und staunend ist, einen Isländer zu treffen und kennenzulernen.[1] Auch als Nonni nach Amiens kommt, weckt er als Isländer Aufsehen und Bewunderung.[2] Er genießt sichtlich das Besondere, ein Isländer zu sein, als gesteigerte Selbstwerterfahrung.

Diese Verbindung mit Island ist Jón Sveinsson bleibend wichtig. Bei all seinen Vorträgen verbindet er die Jungengeschichten mit vielfältigen Informationen über Island, über seine Geschichten, Sagen und Gedichte. Derart bleibt er seiner Herkunft treu, denn diese gibt ihm eine aufrufbare Verwurzelung in der eigenen Biografie und sorgt auch für seine isländische Unvergleichbarkeit, wo immer er Menschen begegnet bzw. von sich erzählt.[3] Von besonderer Qualität sind dabei seine Schilderungen von Natur und bedeutsamen Ereignissen, in sich präzise, mit viel Empathie und „kindlicher" Fähigkeit des Staunens, des Bewunderns, Entzückens und auch des Erschreckens. Er verfügt reichlich über ein „empfindsames und unverdorbenes Schönheitsgefühl", wie er auch dieses Staunen über die Natur, ihre Attraktivität und Schönheit vor allem Island zugutekommen lässt.[4]

Wie seine Mutter hatte Sveinsson übrigens auch eine Ahnung von der isländischen Geisterwelt, wie sie ja auf Island zur spirituellen Identität gehört;[5] vor allem im Glauben an das verborgene Volk in der Landschaft dieser Insel. Bei den beiden bezieht sich dieser Glaube auch an die guten Geister der Verstorbenen. Sveinsson schreibt einmal an seine Mutter: „Es sind merkwürdige Geschäfte, die man manchmal mit der Geisterwelt hat, manche größer, manche kleiner. Ich glaube, liebe Mutter, dass es bei Dir größere waren. Ich glaube auch, so wie Du, dass sich die guten Geister, unsere Freunde aus dem Land jenseits des Grabes, manchmal bemerkbar machen und uns warnen, wenn uns eine Gefahr droht. Ich habe das oft erfahren: – Aber ich glaube, liebe Mutter, dass Du es viel öfters spürst. – ... Ich glaube, dass Gott Dich mehr leitet als andere, wie ein geliebtes Kind. Du kannst Dir nicht vorstellen, wie ich ihm dafür dankbar bin."[6] Diese Verwurzelung in der isländischen nicht nur Geistes-, sondern auch Geisterwelt blieb dem katholischen Pater offensichtlich ein Leben lang eine vitale Realität.

Nonni ist, wie in Island nicht ungewöhnlich, mit den Geschichten von Kobolden und Trollen aufgewachsen, Übersinnliches dieser Art war ihm nicht fremd. Er selbst hatte sogar eine Gespenstergeschichte geschrieben.[7] Und er wäre bei seinem zweiten Besuch in Island gerne der Geschichte einer Wiedergängerin vor Ort nachgegangen, wenn es ihm nicht von kirchlicher Seite verboten worden wäre. Seine Fähigkeit zur Dramatisierung bezog sich nicht nur auf Geschichten mit Menschen, sondern auch auf die Erscheinungen und Gewalten der Natur. Er hatte eine wunderbare Beobachtungsgabe für ihre Details.[8] Hier half ihm auch die isländische Neigung,[9] hinter den Dingen phantasievolle Geschöpfe zu vermuten. So beschreibt er die Umgebung von Hafnafjördur aus seiner Islandreise im Sommer 1930 folgendermaßen: „Die Bodenverhältnisse waren so seltsam wild, die riesigen Lavablöcke so durcheinandergeworfen, dass ich keinen besseren Vergleich finden kann, als den schon oben angewandten eines wild aufgeregten Meeres. Man mochte sich auch vorstellen, dass wütende Titanen und Riesen in einem schauerlichen Kampf sie gegeneinander geschleudert hatten. Wie winzige Zwerge ritten wir kleinen Menschen durch diese großzügige Landschaft hindurch."[10]

2. Sehnsucht nach Freiheit: „Normannenblut"

Mit Island verband sich eine besonders starke Sehnsucht nach Freiheit, nach einem Durchbruch des eigenen Lebens in das geöffnete Meer, in das Feld der Möglichkeiten, wofür die Kindheit in Island stand. Entsprechend wurde die Freiheit dann auch in der Erinnerung und in den Nonni-Büchern aufgeladen.

Jón Sveinsson sprach immer wieder davon, dass er in großer Freiheit erzogen worden sei. Des Jungen Sehnsucht nach Freiheit und Abenteuer wurde selbstverständlich durch den Hafen von Akureyri unterstützt: Dem Elternhaus gegenüber sah er eine Vielzahl von Schiffen vor Anker, aus vielen Ländern, und er bewunderte die ausländischen Seeleute, sofern sie in der Stadt auftauchten.[11] „Er singt das Loblied dieser Freiheit der Kinder beim Aufwachsen und sagt, das entspreche dem Geist altnordischer

Sitten und habe dazu beigetragen, die Kinder selbständig zu machen. Hier ist es möglicherweise so, dass der Autor die seligen Tage der Kindheit wie in einer Fata Morgana sah, bei der ein goldener Glanz auf die Sagainsel im Norden fiel. ... In all den Jahren, die folgten, beseelte den Jungen ein großer Freiheitsdrang, ob er nun zuhause in Island war oder zwischen Fremden in einem anderen Land. Das änderte sich auch nicht, als er sich später in seinem Leben und Arbeiten einer strengen Zucht und Reglementierung unterwerfen musste."[12]

Sveinsson fühlte sich ein Leben lang verwurzelt in seiner Herkunft, und gerade deswegen schmerzte ihn jede Erfahrung, die ihn davon zu entwurzeln drohte. „Normannenblut hat er dies genannt."[13] In seiner in den Büchern immer wieder ausgesprochenen und spürbaren Sehnsucht, in diesem Drang nach Freiheit sind die Geschichten auch eine Reaktion des Autors „auf die Unfreiheit, die er in seinem strengen Orden empfand, ein Loblied auf das, wonach er sich sehnte, das er aber nur in seinen Träumen und Büchern vollkommen erleben konnte"[14]. In diesem Sinn sind die Bücher Nonnis dann auch Protestliteratur: „Die Kinder sollen nicht wie willenlose Geschöpfe herumgeschoben werden und auf Schritt und Tritt überwacht werden."[15] Dieser Protest blieb jahrzehntelang erfolglos. So zappelte Jón Sveinsson in den Fesseln des ihm vorgeschriebenen Alltags. Und dennoch – trotz dieser Blockaden – gab er niemals die Sehnsucht auf, eine Sehnsucht, die gegeben ist mit den Stichworten des Abenteuers, der Freiheit, der Freundschaft, der Heimat Island und etlicher Entgrenzungen, später auch des Heiles.

Die Sehnsucht, dass ihm neue Freiheit geschenkt wird, dass Neues entstehen kann, wechselt immer wieder mit

Trauer und Schmerz, weil genau diese Sehnsucht blockiert wird. Er wurde gefesselt an die Internate der Jesuiten, es waren fast vierzig diesbezügliche Entfremdungsjahre, bis in sein Leben so etwas wie die Freiheit des Schriftstellers hineinscheint, er dafür Zeit und Kraft gewinnt (und wenn auch zögerlich bekommt). Er bekommt die Möglichkeit, in diesen Geschichten seiner Sehnsucht nach Freiheit einen Ausdruck zu geben, sie darin im guten Sinn des Wortes zu „kompensieren". Seine Jahre als Kinderbuchstar waren denn auch, wie oben gesehen, die glücklichsten.

Ein Grundthema und auch ein Grundproblem seines Lebens blieb also die Spannung zwischen Freiheit und Zwang. Wohl seine ganze Erfahrung als Pädagoge (aber auch schon als Schüler) in Internaten kommt in der Nonni-Erzählung zum Vorschein, wenn er sich heftig gegen die Gewalt wehrt, mit spanischen Rohren geschlagen zu werden. Nonni durfte sich eine der beiden katholischen Schulen in Kopenhagen aussuchen. Und er wählte jene Schule, wo der Spielplatz nicht eingezäunt war.[16]

Nicht nur nach Freiheit sehnt sich Nonni, sondern auch nach Abenteuer. Rückwirkend erlebt er diese in dem Erzählen seiner Abenteuer als Kind. Dieses Kindsein wird im Schreiben nicht nur erinnert, sondern mobilisiert und neu erlebt und entsprechend gestaltet. Derart steigern sich die Freiheitsmomente gegenseitig in der Sicht seiner Kindheit: einmal die Erinnerung an gefährliche, aber glücklich ausgehende Abenteuer, in denen er eine bedeutsame und rettende Rolle spielte, dann ein intensives Bücherlesen, vor allem eine begeisterte Lektüre der Isländersagas, aber auch der Märchen von Tausendundeiner Nacht, auch die Epen Homers in isländischer Übersetzung und vor allem auch ein Buch über die Weltgeschichte. Man kann durchaus sagen, dass bei ihm die Hochschätzung der isländischen Heldensagen zugleich auf die eigenen Heldentaten abfärbte oder umgekehrt, jedenfalls dass sie sich gegenseitig bereicherten und verstärkten. Zumal die Mutter ihm vermittelte, dass sein Stammbaum bis in die Zeit der Sagen, nämlich bis ins 9. Jahrhundert, reichte.[17] Beispielsweise las er die Gedichtsammlung des isländischen Poeten Jónas Hallgrímsson (1807–1845) sowie dessen Erzählung Grasaferd (Auf der Moossuche).[18] Diese Erzählung schimmert auch in manchen Passagen von Nonnis Büchern durch, vor allem in „Nonni und Manni“: Sie handelt von einem Knaben und von einem Mädchen, die in den Berghängen Island-Moos suchen und die dort der Natur und manchem anderen begegnen.[19] „Diese Texte waren für uns Seelenliteratur“[20], schrieb Laxness über solche Jugendgeschichten. Schriften und kleinere Publikationen Jón Sveinssons über die isländische Literatur des Mittelalters, über die Geschichte Islands und überhaupt über nordische Themen gab es „lange bevor die Nonni-Bücher das Licht erblickten“[21].

3. Trost des Schreibens:[22] „zumal meine lebhafte Phantasie alles vergrößerte"

Guðmundsson analysiert die Selbstcharakterisierung Jón Sveinssons in Nonni folgendermaßen: „Erstens war er ein unschuldiger isländischer Junge, neugierig und freiheitsliebend, der das Stadtleben auf eigene Faust kennenlernen wollte. Zweitens wurde er ein guter Ratgeber für moralisches Verhalten und schließlich ein mutiger Ritter, der gegen eine Übermacht im Interesse der Schwachen kämpft – und den Sieg davonträgt."[23]

Von der Lektüre, von der Rezeptionsseite her werden die Bücher weitgehend von Kindern und darin wieder vorwiegend von Knaben gelesen oder für diese vorgelesen – in einer Sprache, die sie gut verstehen, die aber dennoch in ihrer Qualität die Sprache der Kinder weit übersteigt und solcherart bereichert. Sie kommen aus der Lektüre anders hervor, als sie hineingegangen sind, wissen nun viel von Island und seiner Landschaft, von den Gefahren, auch was es bedeutet, von der Heimat wegzugehen in fremde Länder und Kulturen. Und was es heißt, ein gutes Kind zu sein, durchaus mit Fehlern, aber auch mit Heldenmut für andere und für Ehrlichkeit, Gerechtigkeit und für Liebe und Solidarität.

„So schreibt kein zwölfjähriger Junge, sondern ein reifer Schriftsteller mit künstlerischen Ambitionen."[24] Dies gilt für alle Texte, die Jón Sveinsson geschrieben hat, als er die Mitte seines Lebens längst hinter sich hatte. Wer ist also der Autor der Texte? Jedenfalls ein ziemlich komplexer! Jón Sveinsson erinnert sich an die Abenteuer seiner Kindheit, erzählt auch in der Vergangenheit, vermittelt dabei den Eindruck, *als* dieses Kind selbst zu erzählen. Von ihm her ist der Text also so etwas wie eine Selbstprojektion in diese eigene Geschichte hinein, verbunden mit jenen Konstruktionen, die er als Erwachsener damit verbindet; so wie jede Biografie im Nachhinein nur empirische Kerne hat, während das andere mehr oder weniger eine Konstruktion der Person ist. Es ist also das Erwachsenen-Ich, das sich im Kinder-Ich spiegelt und dieses Kinder-Ich bestimmt, aber nicht nur durch die Ausdrucksfähigkeit, sondern auch dadurch, dass sich viele Erfahrungen von der

Nachfolgezeit in der erzählten Zeit spiegeln. Die nachträgliche resiliente Identifikation mit der Kindheit sagt also mehr über das Kind-Ich des Erwachsenen als über das damalige Kind aus.

Nicht-Erfülltes erfüllt sich idealisiert im Buchstaben. Viele Schattenseiten werden überspielt und Schmerzliches wird durch wiederholtes Erzählen ins Positive hineinbearbeitet. Die Schatten werden durch die Sonne vertrieben, und manchmal ist die Sonne Nonni selbst in seiner heroischen Gestalt. Aus dieser Perspektive ist seine schriftstellerische Tätigkeit nicht nur, aber auch so etwas wie eine Traumaarbeit hinsichtlich der Verlust- und Angsterfahrungen. Freiheit und Abenteuer finden wesentlich im Schreiben statt.

Immer wieder muss Guðmundsson die Formulierungen einbringen „in Wahrheit aber …“ oder „in Wirklichkeit aber …“[25] „Nonni war ein Pflegekind, getrennt von seiner Mutter, aber darüber herrscht tiefes Schweigen in seinen Büchern. Ganz im Gegenteil lässt er es so aussehen, als wäre er zuhause bei seiner liebevollen Mutter und seinen Geschwistern gewesen.“[26] Aber: „Die Wahrheit war eine andere.“ All das wird in den Nonni-Büchern nicht erwähnt. Was Jón Sveinsson selbst von sich erzählt, nämlich dass er dazu neigt, sich in Tagträumen zu verlieren,[27] geschieht analog auch mit dem erwachsenen Erzähler, bei dem sich Realität und Tagtraum von einer sonnigen Kindheit vermischen. So erzählt Jón Sveinsson, dass Hossias ein Knecht im Haus seiner Eltern gewesen sei. In Wirklichkeit war er Knecht im Hof auf Espihóll, wo Nonni Pflegesohn war.[28]

Die ersehnte Wirklichkeit findet in der Phantasie statt. In dieser, in einer von der Realität abgehobenen, vielleicht sogar abgespaltenen Welt herrscht in den Nonni-Geschichten fast nur Sonnenschein.[29] In ihrer Neugestaltung überholt die Erinnerung das Erinnerte. Aus den Ereignissen „machte er später eine Geschichte, in der die Tatsachen ein wenig zurückgerückt erscheinen und alles zum Besseren gewendet wird“[30]. Das Schreiben (er-)löst ihn nicht nur von der Gegenwart (als Jesuit besonders vor, aber auch noch abgeschwächt ab seinem fünften Lebensjahrzehnt), sondern auch von der Kindheit, wie sie tatsächlich war: in Armut, in familiären Konflikten, in seinem Pflegekinddasein, weil die Eltern die Kinder nicht mehr ernähren können. Diese Traumata der Kindheit verschärfen sich noch nachträglich, als der Erwachsene die Tagebücher seines Vaters liest und all die Tiefen und Untiefen des Vaters in zum Teil erschütternden Texten wahrzunehmen hat.

Die Art und Weise, wie der Erzählende mit seinen eigenen Geschichten umgeht, reflektiert er sogar im Erzählten selbst: „Die Erlebnisse der letzten Tage gaben mir so reichlichen Stoff, dass ich ihn kaum bewältigen konnte, zumal da meine lebhafte Phantasie alles vergrößerte und noch schrecklicher darstellte, als es in Wirklichkeit war. Ich erzählte und dichtete in kindlicher Einfalt, ohne mir meiner Übertreibungen bewusst zu werden.“[31] So rechtfertigt Jón Sveinsson *in* seiner Erzählung seinen eigenen Umgang mit diesen Erzählungen. Kindliche Phantasiefähigkeit und schriftstellerische Freiheit bestätigen und legitimieren sich gegenseitig. „Jedenfalls drängt sich der Verdacht auf, dass der Unterschied zwischen Phantasie und Wirklichkeit in der Vorstellungswelt Nonnis nicht immer deutlich war, sei es nur der Junge, der erzählt, oder der erwachsene Schriftsteller Jón Sveinsson.“ Und es ist selten auszumachen, wie weit die Phantasie geht bzw. was tatsächlich geschehen ist: „Waren diese Taten dann nichts anderes als Phantasiegebilde eines Mannes in mittleren Jahren, der dabei war, Geschichten über die Abenteuer der Jugendjahre zu schreiben?"[32] Diese Frage kann für keine der Erzählungen dispensiert werden. So bleibt beispielsweise offen, „was in der Vorstellungswelt Nonnis und des Autors Jón Sveinsson vorging, als er sich in die Ereignisse dieses Sommers (sc. in Kopenhagen) einlebte"[33]. Nonni erlaubte es sich auch, seine Erzählungen „mit Einschlägen aus Jugendbüchern, die er selbst gelesen hatte, anzureichern, verbunden mit besonderen Dramatisierungen"[34]. Und: „Es dürstete Nonni nach mehr Abenteuern – oder war das vielleicht der Pater Jón Sveinsson, der seinen Träumen nachhing …?"[35]

Viele Beispiele zeigen, „dass Nonni sowohl in der Wirklichkeit wie auch in der Phantasiewelt lebte und sich bewegte."[36] „Dichterische Einbildungskraft war das eine und die Wirklichkeit etwas anderes, denn tatsächlich hatte das Schiff nur einen kleinen Maschinenschaden, den man schnell reparieren konnte. Das war alles. Im Kopf des Jungen wurde dieser Vorfall dagegen zu einem gewaltigen Ereignis, das den Autor schließlich überwältigte."[37]

4. Resilienz: „O glückliche, herrliche unschuldige Jugendzeit!"

Als Sveinsson mit zwölf Jahren Island und die Mutter verließ, war dies ein Schock, der ihm wie ein Trauma ein Leben lang geblieben ist. Dieser Verlust brachte ihn dazu, dass er immer wieder das Gefühl hatte, bei fremden Völkern und Menschen zu sein, bei ihnen leben und sterben zu müssen, aber zugleich den Auftrag zu haben, niemals den jungen Nonni zu vergessen und die Dynamik seines damaligen Abschieds für das ganze Leben wirksam sein zu lassen.[38] Dabei sah er mit dem Älterwerden durchaus auch die positiven Seiten, denn ohne sein Weggehen wäre sein Leben um viele Abenteuer ärmer verlaufen.[39]

Jóns Antwort auf Einsamkeit, Entfremdung und Missachtung „war die Rückkehr in seine Kindheit, die Suche nach seinem Ursprung in der isländischen Natur und die Errichtung einer neuen Heimat, … aus eigenen Vorstellungen, so dass ein eigenes Paradies entstand, in dem er in den Stürmen des Lebens Zuflucht finden konnte. Dort fand er sich wieder, wurde mutig und stark, den anderen ebenbürtig …“[40] Die Morgenröte auf Island war für ihn ein Bild für das Paradies und für Auferstehung, ein Bild dafür, dass es nach der Dunkelheit ein neues Licht gibt. Genau dieses Licht konnte er mit seinen Erzählungen im Wort und durch das Wort aktivieren. Es war die Auferstehung seiner Kindheit in das Wort hinein.

Was die Kindheit für ihn war, wollte er auch den Menschen vermitteln. „Die meisten Menschen lassen sich durch die Schicksalsschläge des Lebens so sehr niederdrücken, dass sie vielfach jedes Glück, jede Freude und jeden Frieden verlieren. Gegen dieses große und leider so verbreitete Übel wollte ich durch meine Bücher – nicht nur bei der Jugend, sondern noch viel mehr bei den Erwachsenen – wirken und kämpfen.“[41] Hinsichtlich seiner Kindheit schreibt Sveinsson deshalb: „O glückliche, herrliche unschuldige Jugendzeit! Bis du nicht das Himmelreich, das wonnevolle Paradies des menschlichen Lebens? Glücklich, wer dieses Paradies nie verliert, solange er auf Erden wandelt!“[42] Am Anfang seines Buches „Sonnentage“ setzt Sveinsson ein Zitat von F.-R. de Chateaubriand: „Das Schönste, was ein

Schriftsteller in ein Buch schreiben kann, sind die Gefühle, die in seiner Seele aufsteigen bei der Erinnerung an die ersten Tage seiner Jugend."[43] Dies war eine Art von Regression, aber eine, die resiliente Kraft hatte.[44]

In einer doppelten Weise handelt es sich hier um eine Resilienzfähigkeit,[45] auch Resilienzarbeit des Paters. Er springt zurück in die Jugend und findet dort die Ressourcen für die Bewältigung seiner gegenwärtigen Probleme als Erwachsener oder, anders formuliert: Indem er seine Jugenderinnerung mit der Problematik seines ganzen Lebens anreichert und darin positiv beantworten kann, mobilisiert er eine biografische Energie, die ihn auch für die Gegenwart trägt. Diese Resilienzfähigkeit ist zugleich geeignet, die Folgen einer Traumatisierung abzuschwächen. Denn für Nonni war der Abschied von der Mutter zugleich ihr lebenslanger Verlust, also gleichbedeutend gewissermaßen mit ihrem Tod. Er hat sie jedenfalls in diesem Leben niemals mehr gesehen.

Im schriftstellerischen Wiedergewinnen seiner Kindheit erreicht Sveinsson demnach eine wirkungsvolle Elastizität im Umgang mit sich selbst und seinen belastenden Lebensumständen. Derart entdeckt er die „Magie" seines Lebens, eine besondere Aura, die nun im Text und durch den Text hindurch Wirklichkeit wird.[46] Mit dem Schreiben und der Publikation seiner Bücher erlebt der Pater damit eine enorme Steigerung seiner Selbstwerterfahrung und eine anwachsende Kontrollfähigkeit hinsichtlich seines Lebens. Letztere zeigt sich vor allem auch darin, dass er jede Gelegenheit wahrnimmt und auch darum im Orden kämpft, möglichst viel Freiheit zu bekommen, um auf entsprechenden Veranstaltungen für diese Bücher und für Island zu werben. Derart gewinnt er eine zwar immer wieder angefochtene, aber doch starke Selbstachtung und damit einen beträchtlichen Widerstand gegen die bisherigen Gehorsams- und Unterwerfungszumutungen in seinem Glauben wie in seinem Orden.

Der Ansicht, dass religiöse Menschen eigentlich nie erwachsen geworden sind, weil sie sich immer noch in der kindlichen Abhängigkeitsbeziehung zu einem übergroßen Vater befinden, ist entgegenzuhalten: Erfahrungsbezogen und psychologisch hat die Kindheit immer eine generative Qualität für das Erwachsenenleben und es kommt immer darauf an, wie mit den darin angelegten Haltungen und Strukturen im Laufe eines Lebens umgegangen wird, mit welchem Quantum an Freiheit, Widerspruchslizenz und bedingungsarmer Liebe. So kann es auch in der Religion durchaus eine reife Erwachsenenbeziehung sowohl zum tatsächlichen Vater bzw. zur Mutter wie auch zu einem Gott geben, sei er mehr väterlich oder mütterlich. Biblische Belege dafür sind die Anklagen Gottes in den Psalmen und vor allem die Menschwerdung Gottes in Christus „auf Augenhöhe“ mit den Menschen.

Man darf die Nonni-Bücher im weiteren Kontext einer romantisierenden Kindheitssicht sehen, in der die Kindheit Symbol für Hoffnung und Optimismus, Unschuld und Reinheit, auch für überbordende Phantasie wahrgenommen wurde. In ihrem Buch „Invention Wonderland“ hat Jackie Wohlschlager die mit diesem Kindheitsbild verbundene Literatur untersucht.[47] Zwischen 1865 und 1930 haben fünf Autoren ihre Sehnsucht nach der Kindheit in eine literarische Revolution transformiert. Die bekanntesten darunter sind Lewis Carroll mit seinem Buch „Alice im Wunderland“ und „Peter Pan“ von J. M. Barrie. Im englischen und amerikanischen Bereich steht dahinter ein romantisierender Kindheitskult im kulturellen Kontext der Gesellschaft. Die Nostalgie gilt zumindest indirekt dem Wunsch nach einer Veränderung der Gesellschaft. In einer phantasievoll aufgeladenen Kinderwelt wird, kontrastiv zu den Blockierungen und Schwierigkeiten des Alltags, Frieden und das Gute gesucht. Im Kontrast zur jeweiligen Gegenwart der Erwachsenen in ihrer Gesellschaft und in ihren Zwängen ist dies dann durchaus, wenn auch indirekt, eine revolutionäre Literatur.[48] Nonni passt zwar nicht ganz in dieses Muster, aber sicher profitiert er von der durch andere Literaturen und gesellschaftliche Tendenzen aufbereiteten Sicht der Kindheit.

5. Legende: „Alles ist wahr, was ich geschrieben habe"

Gegenüber den Karl-May-Geschichten beharrte Sveinsson darauf, dass seine Nonni-Bücher keine Romane seien, sondern wahre Jugenderlebnisse: „Alles ist wahr, was ich geschrieben habe in den Nonni-Büchern."[49] Nun projiziert Sveinsson gleichwohl viele Sichten, Erfahrungen, Gedanken und Vorstellungen aus seiner Erwachsenenwelt in die Kindheitsgeschichten hinein. Doch schmälert dies offensichtlich nicht, so seine Meinung, die Authentizität dieser Erzählungen. Sie sind vielmehr deren Vertiefungen, was ihre Aura und ihre Bedeutung anbelangt. Hierin kommt das „Dahinter" der Geschichten zum Vorschein. In den Geschichten ging es ihm um die Glaubwürdigkeit, nicht nur des Erzählten, sondern auch der darin zum Vorschein kommenden Lebenseinstellungen und Hoffnungen. Auch Letztere werden in den Erzählungen Wirklichkeit.

Guðmundsson vergleicht sie mit dem Muster von Heiligenlegenden, wo Menschen in der Stunde der Not ihre ganze Hoffnung in die Hand eines guten Gottes legen und ihm Treue bis zum Lebensende versprechen. Dafür steht vor allem das Gelübde, das Nonni und Manni in Seenot abgeben (siehe unten Kap. 7.1).[50] Ich würde das Muster der Heiligenlegenden aber nicht nur auf solche Inhalte, sondern auch auf den gerade angesprochenen Charakter dieser Geschichten beziehen: In den Heiligenlegenden kommt oft die Sehnsucht der Gläubigen zum Ausdruck, die himmlische Heiligkeit bereits in der irdischen Heiligkeit wahrzunehmen: in entsprechenden Wundern und anderen Glorifizierungen. Da hinein überträgt sich die Sehnsucht der Gläubigen, bereits in diesem Leben „Himmlisches" zu erfahren oder zu sein.

Analog dazu könnte man bei Nonni sagen: Was Nonni an Einsichten, positiven Erlebnissen und Sehnsüchten während seines ganzen Lebens hatte, findet einen entsprechend idealisierten und hoffnungsvollen Niederschlag in den Jugenderlebnissen. Es geschehen zwar keine Wunder, doch gibt es Erfahrungen der Rettung und des Gutausgehens im Horizont einer Moral und Spiritualität, die das Gute siegen und die Sehnsucht erfüllt sein lässt. „Immer mehr Leser fanden sich in dieser unschuldigen, freien und märchenhaften Kinderwelt wieder, und nicht nur Kinder, sondern auch Erwachsene, so dass er auf demselben Weg weiterging. Unter den schwierigen Verhältnissen, die in vielen Ländern der Welt, und nicht zuletzt in Deutschland, in diesen Krisenzeiten zwischen den Weltkriegen herrschten, brachten seine Bücher Licht, Wärme und Hoffnung. Er war kein besonderer Botschafter des christlichen Glaubens, sondern der Hoffnung und Zuversicht und Furchtlosigkeit in der

Mühsal des Lebens. Zum Dank wurde er der Liebling anderer, geliebt und verehrt von tausenden von Kindern jeden Alters, nicht als der erwachsene Mann Jón Sveinsson, sondern als der Junge Nonni von der Sagainsel Island. Dafür erhielt er die Liebe und Fürsorge, nach der er sich die ganze Zeit gesehnt hatte, als er auf seinem Werdegang als Künstler in Fesseln geschlagen war. Er kam nie aus der Welt der Geschichten in den Nonni-Büchern heraus."[51]

Auch wenn Sveinsson katholische Hinweise in seinen Büchern vermeidet, kommen seine katholischen Überzeugungen dennoch zur Geltung, etwa beim kleinen Emil in Kopenhagen, der einen Kuchen in der Bäckerei stiehlt, in der Folge von Schlimmes-Tun, Bereuen, Wiedergutmachung und der Verzeihungsbitte. Oder in der geforderten Gewissenserforschung, wie sie seine Mutter ihm anrät und die auch im katholischen Katechismus und in den geistlichen Übungen des Ignatius eine große Bedeutung hat. In den Erzählungen verdankt er vieles, was er auch kirchlichen Zusammenhängen verdankt, seiner Mutter.[52] So gibt es ein literarisches Amalgam mutterbezogener und katholischer Identität.

Das Schreiben empfand er als eine heilige Berufung, „denn es war, wie er sich sagte, die einzige Fähigkeit, die er in seinem Dienst für Gott besaß"[53]. Er war immer bemüht, sein Schreiben auch mit seiner Berufung zum katholischen Priester und zum Jesuiten in Verbindung zu bringen, indem er sein Bedürfnis zum Schreiben in das Gewand einer göttlichen Berufung zu kleiden wusste.[54] Aber dies war erst möglich, nachdem Gott ihn in den Staub gedrückt hatte, „um ihn aufs Neue zu erheben und ihn mit seiner Liebe zu empfangen. … Seine Bücher und Vorträge waren seine Berufung im Leben und die apostolische Arbeit, die ihm in seinem Dienst für Gott und seine Kirche aufgetragen war."[55] Und die Botschaft war, „dass wir auf die Stimme des Herzens hören, den Weg der Tugend gehen und der barmherzigen Vorsehung Gottes vertrauen sollen. Dann werde es uns gutgehen, auch wenn niemand Widerstände im Leben vermeiden könne. Dafür sei er selbst ein untrügliches Beispiel. Er selbst sei dieser Junge, Nonni, jetzt ein erwachsener Mann, umstrahlt vom Licht des Ruhms und des Glücks und er schreibe Bücher für die ganze Welt."[56] Guðmundsson sieht dahinter das ewige Legendenmotiv von einem Jungen, „dem vorhergesagt wird, er werde im Leben eine bedeutende Rolle spielen: ‚Gott hat etwas Besonderes mit Ihrem Kinde vor. Die göttliche Vorsehung ist hier sicher am Werke.'"[57]

Jón Sveinsson wollte Hoffnung vermitteln in einer Welt, die oft hoffnungslos daherkam und erschien, parallel zu dem und auch darin verwurzelt, was er selber erfuhr: Der Tod Mannis, dass beide nie zur Mission nach Island geschickt werden konnten, Mutterferne und Tod der Mutter, die Heilsangst um die Lieben und viele Enttäuschungen brachten ihn immer wieder an den Rand der Verzweiflung. „In den Nonni-Büchern erschuf er dann die glückselige Welt seiner Kindheit auf Island, und diese Welt wurde umso attraktiver, je größer seine Erfahrungen im wirklichen Leben waren. Das war kein fremder und erniedrigter Mensch, sondern ein tüchtiger und tatkräftiger Junge in vollkommener Harmonie mit sich selbst und seiner Umwelt: Er war frei!" Darin gewann *er* Selbstvertrauen zurück, und genau dies war auch die Intention, mit der er seine Bücher *für die Menschen* auf den Weg brachte.[58]

7. Jesuit und Katholik: Entgrenzungen

1. Gebrochene jesuitische Identität: „Unter uns gibt es aber immer Feinde!"

Man kann nicht sagen, dass sich Nonni in Kopenhagen oder in Amiens als fremdbestimmt erfuhr. Eher kann man sagen, er war fremd-beeindruckt von dieser neuen Welt, nicht nur außerhalb Islands, sondern auch außerhalb der dortigen Religion, also im katholischen Bereich. Und beeindruckt war er auch durchaus von den Menschen im katholischen Bereich, vor allem *den* Patres, die ihn gut aufnahmen, ihn wertschätzten, auch um seiner Herkunft aus Island willen. Dahinter stand freilich der sanft-unentrinnbare Zwang, dass ihm nichts anderes übrig blieb, wollte er nicht als Schulversager nach Hause geschickt werden. Jón Sveinsson blieb zeitlebens, und vor allem wenn er „Mitbrüder" als fremdbestimmend erfahren musste, das aus dieser ungeklärten Spannung herausquellende hintergründige Gefühl, mehr Spielball von Ordensinteressen zu sein, als selbst wichtig genommen zu werden, auch wenn er dieses Gefühl eigentlich nicht zulassen wollte.

Entsprechend kämpft er in seinen Gedanken und Texten geradezu darum, dass er als freier Mensch verstanden wird, nicht als von Umständen getriebener. Dafür bemüht er auch die spirituelle Vorsehungsperspektive. Dies kommt in einem Gelöbnis zum Ausdruck, das durchaus zu dem parallelisiert werden kann, was von Martin Luther in seinem Gewittererlebnis erzählt wird. In seinem Buch „Nonni und Manni"[1] erzählt Nonni, wie er mit seinem

Bruder Manni in große Seenot gerät und dabei das Gelöbnis abgibt, Missionar zu werden „wie der große Heidenapostel Franz Xaver", damit sie Gott aus dieser gefährlichen Situation retten möge. „Es ist bezweifelt worden, dass diese Geschichte in jeder Beziehung wahr ist. Ähnliche Heiligenlegenden waren nicht unüblich, wenn die Schüler des Apostelheims erklärten, warum sie Missionar werden wollten."[2] Denn von Anfang an war Nonni in dieser Schule nicht nur fleißig, sondern auch ehrgeizig. So wollte er unbedingt zu einer Elitegruppe der allerbesten Jungen, zum sogenannten „Apostelheim", gehören und bedrängte den zuständigen Jesuiten mit seiner Berufungs- und Gelöbniserfahrung.[3]

Es sei also dahingestellt, ob der Junge Nonni schon etwas von Franz Xaver wusste oder ob dies ein Eintrag des Jesuiten ist. In beiden Fällen kommt jedenfalls ein Charakterzug der Spiritualität Jón Sveinssons zum Vorschein, nämlich dass er selber von sich aus und nicht etwa durch Zwänge und andere Notwendigkeiten katholisch, Priester und Missionar werden will; „vielmehr wollte er es selber, um sein Gelübde gegenüber Gott zu erfüllen, weil er ihn in Seenot auf Island das Leben gerettet hatte. ... Was hinter allem stand, war die feste Überzeugung des Autors, dass all das durch die wunderbare Vorsehung Gottes geschehen war."[4] Genau darin besteht Nonnis „Glück". Genau so will er es veröffentlicht haben. Der Geist des Erwachsenen ist jener Geist, wie er im Kinderbuch steht. In einer kleinen, aber nicht unwesentlichen Spur hat dieser Zusammenhang in der Kindergeschichte auch darin Ausdruck gefunden, dass dieser große Tag des 31. Juli 1870, an dem Nonni von seiner Mutter diese wunderbare Zukunft eröffnet wurde, just der Feiertag des heiligen Ignatius von

Loyola war, des Gründers des Jesuitenordens.[5] Doch diese positive Sicht seiner Berufung wurde jahrzehntelang auf eine harte Probe gesetzt.

Bezeichnend für die Position Sveinssons im Jesuitenorden ist folgende Geschichte: Zwischen 1920 und 1930 sind die meisten Nonni-Bücher auch in das Isländische übersetzt worden, und dies wird zum Anlass, Jón Sveinsson nach Island einzuladen. Halldór Laxness setzt sich dafür in besonderer Weise ein: „Viele sind reicher, als sie denken. Denn hier haben wir Isländer einen Goldschmetterling, der in südlichen Ländern flattert … nur uns ist es nicht in den Sinn gekommen, die Hand nach ihm auszustrecken …“ Und Laxness beschreibt auch, dass Pater Jón Sveinsson keine eigenen Möglichkeiten habe, ohne irdischen Besitz in einem strengen Jesuitenorden und nichts für sich bitten dürfend, und ruft die Isländer dazu auf, ihn nach Hause einzuladen.[6] Nonni selbst wollte keine offizielle „Eitelkeitsreise“, wohl aber eine „Alleinreise“,[7] also im Schatten von Festlichkeiten Island besuchen. Denn es sei „gegen den Geist unseres Ordens, solchen Ehrungen nachzustreben“. Er wolle lieber privat nach Island kommen wie vor 35 Jahren, durch das Land reiten und ein neues Buch über Island schreiben.[8] Und er wollte auf keinen Fall, dass der Ordensgeneral in Rom davon erführe, weil dieser es, so dachte er, sicher verhindern würde. Darüber klagend, dass ihm in vierzig Jahren immer alles abgeschlagen wurde, sollte die Reise möglichst geheim gehalten werden.[9]

So war er ständig auf der Hut und voller Argwohn. „Der Ordensgeneral hat mich nie gemocht und auch mein Wirken nicht. Die meisten Priester in der Provinz stehen mir feindlich gegenüber.“[10] So ist er nicht sicher, seine

Mitbrüder Freunde nennen zu können, eher nicht! Vielmehr gilt: „Mir scheint, ich stehe allein im Leben, in der Welt."[11] Bis ins hohe Alter hat er Angst vor Intrigen im Orden. So schreibt er einem befreundeten Mitbruder: „Ich weiß, dass es Mitbrüder bei uns gibt, die bereit sind, alles zu tun, um einen zu verderben." Dahinter steckt die Angst, dass er im Orden die Möglichkeit verliert, unter freien und ruhigen Umständen zu schreiben.[12] Oder: „Unter uns gibt es aber immer Feinde, die immer am Suchen sind, wie sie einen vernichten können."[13]

Den Verletzungen im Orden setzt er die Macht der Selbstbescheidung gegenüber und kann sie dann auch als solche benennen, aushalten und kontrollieren. Die Selbstbescheidung mischt sich auch mit Trotz, der sich darin zeigt, dass Jón Sveinsson *selbst* noch kurz vor der zweiten Islandreise absagen will, weil ja doch alle dagegen seien. „Minderwertigkeitsgefühl und Frieden mit sich selbst, manchmal sogar ein Anflug von Selbstzufriedenheit, sind Empfindungen, die sich im Seelenleben Jóns streiten und ihr Gleichgewicht unter der Oberfläche der christlichen Demut gefunden haben."[14] Unangenehmes vertiefte sein Minderwertigkeitsgefühl. Aber indem er es mit Demut ertragen hat, konnte er diese Erfahrung von der christlichen Spiritualität her auch positiv umdefinieren und als „negative" Berufung interpretieren.[15] Die Demut war eine relativ wirkungsvolle Abwehrstrategie gegen die Missachtung. Der damit verbundene Gehorsam war ihm mehrfach eingeprägt, zuerst wohl in seiner Sohnestreue der Mutter gegenüber, die ihm das Versprechen abnahm, gegen seine Vorgesetzten immer gehorsam und untertänig zu sein. Laxness nennt dieses Versprechen Sveinssons „erstes Mönchsgelübde"[16].

Diese Demut aber hatte in ihrem Schatten unterirdische Ausbrüche der Wut, des Zornes und des Hasses gegen die Feinde im Orden, was er seinen Tagebuchblättern anvertraute. Erst gegen Ende seines Lebens kann er dieses Problem bearbeiten. Nach der entsprechenden Ermahnung einer Schwester, die ihn pflegte, kann er sich mit den Feinden im Orden versöhnen und sie um Vergebung bitten. „Seine Krankenschwester Raphael im St.-Josefs-Hospital in Paris machte ihn darauf aufmerksam, dass er seinen Gegnern verzeihen müsse, wenn er andererseits wolle, dass Gott ihm seine Sünden vergebe."[17] Nonni lässt sich überzeugen und schreibt seinen größten Feinden, „dass er bereit sei, all die Ungerechtigkeit zu vergessen, die er von ihnen hatte erleiden müssen, und von nun an mit Zuneigung an sie zu denken"[18]. Die vitale Kraft für diese Versöhnung kommt allerdings aus der dahinterliegenden Bedingung: Wenn er derart verzeiht, kann sich sein Rheuma bessern und können seine Sünden vergeben werden.

Bereits in Ordrup muss Sveinsson begreifen, dass sein ursprünglicher Berufungswunsch, Missionar in Island zu werden und worin er in Amiens noch intensiv bestärkt wurde, für den Orden keine Bedeutung mehr hatte. Nonni selbst kommt, derart ausgebremst, die Vitalität dieses Wunsches abhanden, so dass spätestens bei seinem zweiten Islandbesuch nichts mehr davon übrig ist. Zu dieser Zeit waren die wenigen katholischen Priester in Island vom Marienorden des heiligen Montfort.[19]

Nicht nur die aktiv angenommene Demut, sondern auch seine innere „Auseinander-Setzung" und versierte Rollentrennung zwischen dem katholischen Jesuitenpater und dem weltläufigen Schriftsteller gab Jón Sveinsson die Möglichkeit, die Totalitätsansprüche des Ordens in und durch diese beiden Identitäten abzuwehren und einzugrenzen, indem er sich in der Rolle des Schriftstellers davon abzusetzen und in einer darin eigenen Form zu behaupten vermochte. So will Jón Sveinsson, als er auf Einladung der isländischen Regierung 1930 zum zweiten Mal nach Island kam, nicht als Jesuitenpater und schon gar nicht als Missionar kommen, sondern als anerkannter Schriftsteller. Die erlebte traditionelle Tiefe seiner schriftstellerischen Identität zeigt sich auch darin, dass er sich gern mit den isländischen Skalden vergleichen ließ, „die einst in die Welt hinauszogen, um die Leute an den Königshöfen mit ihren Geschichten zu unterhalten“[20]. Darin, nicht in seinem Jesuitensein, sammelt sich – jedenfalls in diesem Zusammenhang – sein ganzes Selbstbewusstsein und seine Selbstdarstellung. 1933 kam bei Herder das Buch über die Reise nach Island 1930 heraus mit dem Titel „Die Feuerinsel im Nordmeer“. Auch dieses Buch hatte eine sehr gute Resonanz, so sehr, dass sich der Tourismus nach Island in den darauffolgenden Jahren beträchtlich steigerte.[21]

In dieser Reiseerzählung gibt sich Sveinsson nirgends als katholischer Priester zu erkennen, „sondern als isländischer Schriftsteller auf Heimatbesuch“[22]. Was ihn nicht davon abhält, in einem Brief an Laxness über die schlimmsten Schattenseiten der ausländischen Zivilisation (Seidenstrümpfe, Zigaretten, Schminke usw.) in Island zu wettern und demgegenüber die Nostalgie der guten alten isländischen Bauernhöfe in Erinnerung zu bringen.[23] In seinem Reisetagebuch kommt das alles nicht vor. Etwas prüde schien er schon zu sein, etwa wenn er sich an den offenen Schilderungen des Liebeslebens seines norwegischen Dichterkollegen Kristmans störte.[24] Die Mission, seine Landsleute zum katholischen Glauben zu bekehren, war längst von der Mission abgelöst, als Schriftsteller angenommen und kulturkritisch wirksam zu werden. So war er insbesondere nach 1930 darauf aus, dass die Nonni-Bücher auch im englischen Sprachbereich erschienen.[25]

Auf der anderen Seite fühlte er sich bei den verschiedenen Ehrungen von gesellschaftlicher und staatlicher Seite (Ehrenbürger in Akureyri u.Ä.) dann doch nicht wohl und war von Gewissensbissen geplagt, weil dies mit dem Geist des Ordens nicht zu vereinbaren gewesen sei. Denn in diesem Geist solle man nur Gott die Ehre geben. Immer wieder sah er sich zur Selbstverteidigung und Selbstlegitimation genötigt, etwa wenn er in Briefen seine Reise als „eminent apostolisch" bezeichnete oder wenn der isländische Ministerpräsident freundliche Worte über die katholische Kirche habe fallen lassen.[26] Derart erlebt sich der Pater offensichtlich, je nach aktuellem Kontext, hin- und hergerissen zwischen der Ordens- und der Schriftstellerwelt mit durchaus gekonnter Strategie des situativen Rollenwechsels.

2. Kampf um Gottvertrauen: „Wenn du dich bemühst, wird Gott dir helfen"

Sveinsson hatte zwei Quellen des Trostes und der Kraft: einmal die Erinnerung an die Kindheit, zum anderen den katholischen Glauben (wie er ihn verstand), verbunden mit einem Gottesbild, in dem Gott die Menschen Schmerzen und Unglücke erleiden lässt, um sie zu prüfen und reifen zu lassen, bevor er seine Gnade und seinen Segen herabströmen lässt.[27] Darin zeigt sich eine eigenartige Spannung: Von Gott bekam man alles geschenkt und dann, auf der anderen Seite und im Gegensatz dazu: von Gott bekommt man nichts geschenkt, wenn man nicht moralisch und spirituell Entsprechendes leistet.

Wie Nonni es erzählt, vermittelt ihm die Mutter ein ganz bestimmtes Gottvertrauen. „Wenn du dich bemühst, immer ein Freund Gottes zu sein, dann wird dir nie etwas fehlen. Gott wird dir in allen deinen Anliegen helfen und dich auf seinen Händen tragen, überall wo du bist.“[28] Gott wird ins Wenn-dann-Kalkül geholt. Auch wenn Unheil geschieht, geschieht dies innerhalb des großen Heils Gottes und ist durch moralisches Verhalten und durch spirituelles Ausdauern, also durch „Heldentum“, bewältigbar. Das ist seine Botschaft: Man kann alles überstehen, was immer an Leiden begegnet, wenn man den richtigen Glauben und das richtige Vertrauen hat. Die Gutheit Gottes steht außer Zweifel. Die Erinnerung an den frühen Tod Mannis wird neben die unendliche Güte Gottes gestellt, aber nicht konfrontativ, sondern als kontrafaktisches Frömmigkeitsbewusstsein, dass Gott auch über den frühen Tod Mannis hinaus unendlich gut sei. Gott wird verteidigt, niemals angegriffen. Ähnliches geschieht in Weingarten, wenn er die Verwundeten damit tröstet, dass sie ohne die Verletzungen nicht zu Gott gefunden hätten (siehe oben Kap. 4.3).

Als Nonni die befreundeten Menschen in Kopenhagen verlassen muss, um endlich nach Frankreich zu kommen, erfährt er einen ähnlichen Abschiedskummer wie damals von der Mutter. Ja, der Letztere wiederholt sich im Ersteren. Er träumt von der Mutter, wie sie ihm sagt: „Du wolltest ja nach Frankreich reisen, und nun sollst du endlich dorthin …, glaubst du denn, dass Gott dich dort verlassen wird? Hat er dich etwa hier in Kopenhagen verlassen? Hat er dich nicht im Gegenteil, wie ich dir vorausgesagt habe, immerfort auf den Händen getragen, aber gerade so wird er es mit dir in Frankreich tun, wenn du ihm nur treu bleibst und dich bemühst, ein guter Junge zu sein. ... Du musst jetzt von hier scheiden, aber schüttele deine Traurigkeit ab, mein teures Kind, sie lähmt dich nur und macht dich weich. Fahre fort, ein frischer, munterer und fröhlicher Junge zu sein. Gott liebt dich und wird immer mit dir sein. ...“[29] Nach dem Tod seiner Mutter trat die heilige Maria an die Stelle der Mutter als Stimme desselben Gewissens genauso wie in ihrer Ansprechbarkeit für die Sorgen von Sveinsson sowie in ihrer Kraft, zu schützen und Fürbitte zu halten (siehe oben Kap. 1.4).[30] Er hatte überhaupt eine intensive Gesprächsverbindung mit Gott und mit seiner „Familie in Nazareth“.

Jón Sveinsson denkt nicht daran, wie ungerecht es von Gott sein könnte, die Gebete der einen zu erhören und die der anderen nicht. Gott bleibt auch hier unschuldig. Ihm ist wichtig, dass *seine* Gebete erhört werden. So kommt er auch nicht auf die Idee, Gott zur Verantwortung zu ziehen und anzuklagen, wie dies in 40 Prozent der Klagepsalmen geschieht. Diese Frömmigkeit ist ihm völlig fremd. Doch dafür kann er nichts. Es gibt sie auch nirgendwo in der offiziellen Frömmigkeit der Kirchen in dieser Zeit, schon seit Jahrhunderten ist sie als Hadern verpönt und zur Sünde gemacht worden.[31]

Was Jón Sveinsson sich von Menschen nicht leicht gefallen ließ, nämlich Unterordnung und Einschränkung der Freiheit, das ließ er sich widerspruchslos von Gott gefallen. Er beugt sich unter Gottes Willen und bittet darum, alles zu ertragen, was Gott ihm auferlegt, „ein Liebes oder Leides mit Ergebenheit, Demut und Freude“[32]. Hier gibt es nicht einmal mehr Zornesausbrüche wie wenigstens in der Demut den Menschen gegenüber. Beide „Demute" verschärfen sich gegenseitig.[33]

Auffällig ist in diesem Wenn-dann-Zusammenhang das bereits erwähnte Gelübdemuster seines Glaubens. „Wenn sein Gebet erhört würde, gelobte Jón, in den restlichen Jahren seines Lebens viermal am Tag in die Kapelle zu gehen, um dem Freund (Jesus, O. F.) zu danken."[34] Bezeichnend dafür ist auch die Geschichte mit dem Eichhörnchen: Sie geschah im Park der Fordham-Universität. „Er war auf einem Spaziergang draußen im Park, als ihm einfiel, seinen Freund zu bitten, es möge ihm ein Eichhörnchen vor Augen kommen. Er wies die Idee sofort von sich, sie sei zu kindisch. Er wäre dem Freund aber dennoch sehr dankbar, wenn er sofort ein Eichhörnchen erscheinen ließe als Zeichen dafür, dass die amerikanische Ausgabe der Nonni-Bücher vorankäme und seine Gebete um Heilung von der Gicht erhört würden. Kaum hatte er das Gebet beendet, schoss ein Eichhörnchen heran, und es war ganz zahm."[35] Das Gelübdemuster kommt bis ins Alter zum Tragen, als es darum ging, ob er von seinen Rheumaschmerzen geheilt werde. So beschloss Jón den Erzengel Raphael anzurufen. „Wenn er vom Rheuma geheilt würde, würde er eine Pilgerfahrt zum Schrein des Erzengels in Orleans unternehmen und ihm dort seinen Dank abstatten." Doch es geschah nichts. So wird ihm klargemacht, dass er seine Schmerzen bis ans Ende des Lebens zu tragen habe. Und jetzt bittet er darum, dass er alles in Demut und Freude ertragen kann.[36]

Es ist ein andauerndes Hin und Her zwischen Bitte und Ergebung. Denn Jón betet weiterhin um Gesundheit und erfährt von seinem Freund (Jesus) die Antwort: „Antwort

Jesu: Ja, geliebter kleiner Freund: Du sollst alle Deine gegenwärtigen Wünsche erfüllt bekommen, weil Du mich so sehr und mit so großer Ausdauer darum bittest. – Oh, danke geliebter Herr und Freund. Wann wird das rechte Bein geheilt werden? Nächsten Monat, und zwar vollständig und auf Dauer. Oh, danke."[37] Und weiter: „Jesus hat mir versprochen, er wolle mich in dieser Woche vollständig heilen: O geliebter Freund, o Jesus, ich danke Dir von ganzem Herzen, o wie unendlich gut und freundlich Du bist! Nun hast Du den Arzt meine Krankheit als unheilbar erklären lassen, o Jesus, Du willst mich dadurch mit Sicherheit wissen lassen, dass Du hier ein Wunder wirken willst, o wie soll ich Dir nun genug danken?" Aber das Wunder geschieht nicht und so versteht er nun die Antwort Jesu anders und schafft es so, seinen Wunsch auf eine andere spirituelle Ebene zu heben. Jetzt erst gibt es kein Wenn-dann mehr. Denn Jesus sagt: „Geliebter kleiner Nonni, Du bist jetzt nicht nur in meiner Hand, sondern in meinem Herzen, und 1912 habe ich Dir versprochen, dass Du niemals aus meinem Herzen verschwinden würdest. Das habe ich gehalten, und werde es in Ewigkeit halten."[38] Und so sieht Jón Sveinsson ein: „Heute verstehe ich, dass Gott mich erhört hat, aber so, dass er mir weitaus mehr gegeben hat als das, was ich erbeten habe."[39] Das Versprechen bestand also nicht darin, „ihn von allen Leiden zu befreien, sondern dass er einen Anteil am Leiden seines Erlösers erhielte. Gott war ‚unendlich gut'."[40]

Bei hoffnungslosen Enttäuschungen, wie in der Wunderhoffnung gegen allen Augenschein bei seiner nicht aufhörenden Krankheit, entwickelt Jón Sveinsson eine eigenartige Spiritualität: Als es während seines Aufenthalts in den Vereinigten Staaten misslingt, seine Bücher zu übersetzen, geschweige denn in Hollywood zu verfilmen, schreibt er ins Tagebuch: „Mein guter Gott! Dein Wille geschehe … Nun gut, lieber Jesus, jetzt ist menschlich gesprochen alles rundweg verloren. Deswegen lege ich alles in Deine guten Hände und in Dein unendlich gutes Herz. Und nun ist die Übersetzung ins Englische definitiv gesichert. Denn ich habe Sie (damit meint Jón Sveinsson Jesus!) gebeten und werde dies weiterhin tun, dass Sie mir alles geben, was ich von Ihnen verlange. Die Ablehnung Longmans ist für mich wie eine Versicherung und ein sicheres Zeichen, dass die Übersetzung und Herausgabe der Bücher jetzt eine absolut sichere Sache ist. Denn, o Jesus! … Wenn Gott zeigen will, dass eine Sache in seiner Hand ist, macht er sie unmöglich und dann handelt er."[41] Was für ein Gott, der die Menschen erst einmal bis zur äußersten Enttäuschung und Selbstunterwerfung zwingt, um ihnen dann großmächtig helfen zu können![42]

3. Kampf gegen Heilsangst: „Das ist das Schreckliche an unserer Freiheit"

In seinen geistlichen Vorträgen auf Exerzitien (beispielsweise bei Klosterschwestern) und ähnlichen Veranstaltungen würzte Sveinsson seine theologischen Eingaben auch mit Erzählungen und Beispielen, die er packend darzubieten wusste. Wichtig waren ihm die Themen der Selbstverleugnung und der Sündenstrafen. Das eigene Ich muss sterben, damit das Weizenkorn der Liebe zu Gott Frucht tragen kann. Dann das Thema der Sünden und vor allem der Todsünden, die mit der Höllenstrafe verbunden sind. Und hier ist er schier gnadenlos: „Ich glaube daran, dass es eine Hölle gibt und dass jetzt, in diesem Augenblick während wir hier sitzen, unzählige Geschöpfe im lodernden Gefängnis sind und unaussprechliche Qualen erleiden, ja, auch Menschen wie ich. … Und weil wir das glauben, müssen wir da nicht zittern vor Angst?"[43] Sveinsson kann mit der Dramatisierung der Hölle gar nicht aufhören. Mit Berufung auf Lk 11,50–52 und Gal 6,7 findet er die intensivste Vorstellung des maßlosen Zornes Gottes in den Vulkanen Islands: „Als Kind habe ich selbst das halbe Himmelsgewölbe blutrot von Feuerausbrüchen aus dem Inneren der Erde gesehen. Ein anderes Mal war es ein großer Gletscher, größer als Seeland, mit über 100 Schloten, und sie brachen alle auf einmal aus. Das ganze Gebiet war ein einziges Feuermeer. So muss man sich die Hölle vorstellen."[44] Und weiter: „Hölle: das ist eine fürchterliche Nacht, voll vom ‚Bann der Stürme', voller Schrecken, Angst und Tränen … Und das ohne die geringste Hoffnung auf eine Morgenröte. Nie werden die Verdammten eine Morgenröte sehen, die diese furchtbare, ewige Nacht erhellt! Diese völlige Unveränderlichkeit!"[45]

Das Bild von der Morgenröte geht zurück auf jenen Abend, als er oberhalb des Dorfes am Eyjafjord saß und in die Farbenpracht blickte, als die Sonne aufging (siehe unten Kap. 6.4). Eine Welt ohne einen solchen Sonnenaufgang, wo es ewig Nacht bliebe, das ist für ihn offensichtlich eines der stärksten Bilder für die Hölle.[46] Und er schreibt dies als Mitbetroffener, nämlich dass alle Menschen davor Angst haben, auch die Gläubigen: „In der Ewigkeit endet *niemals* etwas. Wir müssen uns dieses schreckliche Wort *niemals* fest ins Gedächtnis schreiben und unser Verständnis davon vertiefen."[47] Und: „Niemand weiß auch, wo er landet, ob er für alle Zeiten in himmlischer Seligkeit leben wird oder sich bis in alle Ewigkeit in jener schrecklichen Schattenwelt der Hölle aufhalten muss. Eines ist jedoch gewiss, dass all das nur von uns allein abhängt. Das ist das Schreckliche an unserer Freiheit."[48]

Doch dann sagt Sveinsson auch, dass unser ganzes Leben nicht von Angst bedrückt sein soll. Fröhlich zu sein, vor allem aus der Liebe zu Gott heraus, auch das darf das Leben bestimmen. Doch dürfen die darunterliegenden dunklen Töne nicht vergessen werden. „Aber bei allem muss die Unterströmung in unserem Leben sehr ernst sein. Es soll wie in der Musik sein. Die hohen, leichten, vibrierend fröhlichen Töne müssen von den tiefen Basstönen, den Grundtönen, getragen werden."[49]

Sveinsson war lange so etwas wie ein glühender Konvertit, so heftig, dass er die katholischen Kirchengrenzen als Heilsgrenzen wahrnahm, diesen Glauben verteidigte und zugleich darunter litt. Dies war das harte Missionsmotiv für die jesuitische Strategie und auch für Jón Sveinsson selbst. In dieser problematischen Hoffnung hatte er gleichwohl immer eine relativ sichere Basis für *sein* Leben.[50]

Er brauchte ein ganzes Leben, um zu diesem identitären „Dogma", das ja zu seiner Identität gehörte, in leise Differenz zu kommen, entsprechende Korrekturen zu erleben und letztlich nicht mehr daran glauben zu können, dass gute Menschen außerhalb des katholischen Glaubens verdammt seien. In der Reaktion auf Laxness, als dieser wieder aus der katholischen Kirche austrat, war er noch nicht so weit. Diesen Schritt konnte er ihm nicht nur aus persönlichen, sondern auch aus dogmatischen Gründen nicht verzeihen.

Diese Spannung nagte ein Leben lang ihn ihm: der starke Glaube an Gottes Barmherzigkeit auf der einen und das viele Jahrzehnte genauso stark erlebte Dogma der Heilsexklusivität der katholischen Kirche auf der anderen Seite.[51] So erlebte Jón Sveinsson in der eigenen Spiritualität die Wahrheit des Satzes: Man muss die Theologie zu Ende denken, bis sie absurd wird. Dann geht die Theologie erst an! Das Zu-Ende-Denken meint hier nicht nur das Denken, sondern die damit verbundenen und das Denken ermöglichenden Lebens- und darin Glaubenserfahrungen.

Spätestens in Japan, in eindrücklichen Begegnungen mit guten Menschen, die nicht katholisch waren, ahnt Jón Sveinsson, dass sich das Jüngste Gericht einmal nicht zwischen Glauben und Unglauben, sondern zwischen Gut und Böse, zwischen Leiderfahrung und Leidzufügung ereignen wird. Genauso wie es in Mt 25 verdeutlicht wird. In solchen Begegnungen und Erfahrungen bricht bei ihm dann immer wieder die größere Barmherzigkeit durch und auch die Hoffnung, dass Gottes Liebe größer sein wird als alle Grenzziehungen, jene Spiritualität, Gott immer größer sein zu lassen als die eigenen Probleme, als die eigenen Sorgen und sich selbst. Dies war ein dialektisches Dauerproblem, tief verwurzelt in der Sorge um das ewige Heil seiner Mutter und um nahe und gute Menschen, die nicht katholisch waren.

Nicht nur über seine Begegnungen mit nicht-katholischen guten Menschen, nicht nur in seiner Heilssorge für seine Lieben, die nicht konvertierten, sondern auch in der Öffnung seiner Geschichten für eine allgemeinere Hoffnung und Spiritualität zeigt sich bei ihm insgesamt eine Öffnung zu einer Transzendenz, die alle Menschen in ihre Anerkennung und Liebe aufnimmt. Und sich um sie sorgt. Sein Schreiben für ein disperses Publikum wird zum Motor auch für die Universalisierung der Heilsbotschaft: in der Geschichte von einem isländischen Jungen, der „aus dem

Norden, von dem Land mit der unverdorbenen Natur kam und sein Glück fand, weil er sein ganzes Leben lang seine kindliche Neugier, seine Lebensfreude und sein Vertrauen in seine Mitmenschen und die Allmacht Gottes bewahrte"[52].

Vor dem heilsexklusiven Mentalitätshintergrund, den Sveinsson repräsentiert *und* stellenweise unterläuft und der bis heute millionenfach bezeugt ist, kann man ermessen, was das entscheidende Dogma des Zweiten Vatikanums für eine kopernikanische Wende im Christentum und überhaupt in der Religionsgeschichte gewesen ist: nämlich die Religionsfreiheit auf der Basis einer Veränderung der eigenen Heilsbotschaft in Richtung auf unbegrenzte Universalität des Heiles. Denn die Religionsfreiheit würde theologisch in der Luft hängen, wäre die Identität des Christentums nur äußerlich, ein strategisches Zugeständnis an die herrschende Toleranzplausibilität, wenn sie nicht verwurzelt wäre in der prinzipiellen Botschaft, dass Gott alle Menschen liebt, noch bevor sie sich verändert haben, noch bevor sie also in den je eigenen Bereich hinein konvertiert sind. Rosa Luxemburgs Satz „Freiheit ist immer Freiheit des Andersdenkenden" heißt in seiner theologischen Fassung für den interreligiösen Bereich: Religionsfreiheit ist immer die Freiheit der anderen, von Gott genauso geliebt zu werden, wie die Menschen im eigenen Bereich hoffentlich die gleiche Freiheit erleben dürfen.

Gottes Liebe gilt absolut, ist nicht abhängig von irgendwelchen Wenn-dann-Strukturen und Bedingungen. Allerdings hat sich diese befreiende Botschaft noch nicht, auch nicht im Christentum und in den Gemeinden und in den Spiritualitäten von Christen und Christinnen intensiv genug herumgesprochen. Bis in die liturgischen Texte hinein ist das Heil nur denen vorbehalten, die entsprechend daran glauben. Und nicht wenige Eltern haben immer noch Angst um ihre Kinder, wenn diese abständig werden, nicht mehr in die Kirche gehen und mit dem Glauben nichts mehr anfangen können. Die Botschaft, dass Gott seine Liebe niemals zurückzieht, würde solche Ängste überflüssig machen. Nicht aber die Gottesfurcht, nämlich für Lieblosigkeit und Leidzufügung zur Verantwortung gezogen zu werden, aber in der Liebe und nicht außerhalb davon. Auch und gerade das Gutsein ist bei Nonni wichtig, aber entscheidend ist lange nur der richtige Glaube, später überholt das Erstere Letzteres, wenigstens ereignisbezogen.

Sveinsson bekam nie einen Zugang dazu, einer Transzendenz zu trauen, die allen Dualismus, auch den des Jüngsten Gerichts, nochmals überschreiten wird, ohne ihn zu entschärfen: nämlich überschreiten wird in Richtung auf die Rettung allen Lebens. So dass alles in die Liebe Gottes hinein offen zu lassen ist. Ohne diese radikale Transzendenz hätte die Liebe eine Grenze und würde damit ihre Unendlichkeit hintertreiben. Mit dieser Unendlichkeit steht die Qualität Gottes selbst auf dem Spiel. Eine Liebe ist dies, die keine Lieblosigkeit übersieht, die nicht billig „versöhnt", als wäre nicht Schlimmstes geschehen, sondern aus sich heraus den entsprechenden Reueschmerz ermöglicht und bis zum Äußersten in der Unendlichkeit Gottes „treibt".

Diese Hoffnung ist die Basis eines Ausblicks, der Vernichtungs- und Strafängste auf eine leidsensible Gottesfurcht hin öffnet, die den Glauben nicht „schal", sondern *scharf* macht für die „Früchte" in der Solidarität für die Menschen, besonders für die Leidenden und Benachteiligten (vgl. Gaudium et spes 1).[53]

Ausblick: Entgrenzungen bis in den Himmel hinein

Dass ich im Folgenden das theologische Ergebnis meiner eigenen Emanzipationsgeschichte hinsichtlich der Universalität der Liebe Gottes und der eschatologischen Rettung aller Welt einbringe, ist ein kommunikatives Wagnis, weil es leicht als eine fortschrittsideologische Besserwisserei verstanden werden könnte. Ich habe eingangs bereits zu verdeutlichen gesucht, dass ich Jón Sveinsson in der Kategorie der Begegnung und damit in reziproker Weise begegnen möchte. Zuallererst als Leidensgenosse über die Zeiten hinweg, was die uns im Glauben induzierte Schwarz-Weiß-Einteilung der Welt anbelangt. Dass ich, aus meiner Perspektive, in dieser Emanzipation weitergehen konnte als Sveinsson, verdanke ich nicht mir, sondern den anderen Lebens- und Kirchenumständen, in deren Zeitgenossenschaft ich leben durfte, vor allem bezogen auf die Erfahrung des Zweiten Vatikanums in meiner Jugendzeit und die danach folgenden Jahrzehnte der entsprechenden Auseinandersetzungen. Sveinsson dagegen konnte in seinem kirchlichen und theologischen Kontext überhaupt nicht die Chance erhalten, über den ihm gegebenen systematisch-theologischen Rahmen hinauszudenken; und dieser Rahmen war insbesondere im 19. Jahrhundert durch ein vom kirchlichen Lehramt rigoristisch verstandenes „außerhalb der Kirche kein Heil" (aus dem Konzil von Florenz 1438–1445)[1] geprägt.

Für den damaligen Kontext hat Sveinsson jedenfalls über die Maßen und mutig und an der Liebe für die Menschen orientiert über die dogmatistischen Grenzen hinaus gehofft und gelebt. Diese Dynamik versuche ich im folgenden Kapitel, beschenkt mit den theologischen Diskursen der letzten Jahrzehnte und mit meiner eigenen Gestaltung dieser Gedanken, weiterzuführen. Was von seinem eschatologischen Ernst her aber bleibend ernst zu nehmen ist, ist die gottesfürchtige Einsicht, dass es keine billige Eschatologie gibt, keine, die durch Amnestie oder Amnesie erkauft wäre.

Der endzeitliche Ausgrenzungsdruck verschärft auch den Gehorsamsdruck nach innen. Zu beherzigen ist von daher auch Sveinssons Kirchenkritik, die sich bei ihm vor allem auf sein Verhältnis zu seinem eigenen Orden bezieht: dass es in kirchlichen Systemen und Sozialformen nicht mehr dazu kommt, dass Menschen jahrzehntelang oder gar ein Leben lang um ihre „eigentliche" Berufung gebracht werden, heute vor allem auch hinsichtlich der Berufungen zum priesterlichen Amt.[2]

1. Was für ein „Muss"?[3]

„Lass mich dich lernen, dein Denken und Sprechen, dein Fragen und Dasein, damit ich daran die Botschaft neu lernen kann, die ich dir zu überliefern habe." So beeindruckend dieser bekannte Satz von Bischof Klaus Hemmerle ist, so fragwürdig ist das Überliefern-Müssen der Botschaft im letzten Satzteil. Was ist das für ein Muss? Ist es eine angstbesetzte Heilsfurcht oder es ist ein Muss, das seine Begründung in der Notwendigkeit der Diakonie hat? Muss es denn überhaupt sein, dass die Menschen den christlichen Glauben „haben"? Sagen wir es so:

Von der eigenen Erfahrung her glauben die Gläubigen, dass es für die Menschen und die Bewältigung ihres Lebens gut sein kann, an einen solchen Gott zu glauben, der sie trägt und der mit ihnen bis in die tiefsten Katastrophen des Lebens hinein mitgeht. Mehr können sie nicht sagen, weil sie sonst in den Bereich der Wenn-dann-Erzwingung kämen.

Die Christenheit hat jahrhundertelang mehr gesagt und einen Glauben zugelassen, der mit Strafängsten vermittelt wird. „Gott“ ist dann nur durch hemmungslose Selbst- und Andere-Unterordnung zu besänftigen. Die Rede von Gott ohne Drohungsängste bei sich selber zu erleben und anderen zu vermitteln ist für manche(n) von der religiösen Erziehung her gar nicht so leicht. Wenn ich in den ersten Jahren meiner Kaplanszeit zu Versehgängen gerufen wurde, habe ich dies unter einem beträchtlichen psychischen Druck getan. Dahinter steckte die (im Kopf schon abgelehnte, aber im Bauch festsitzende) fast unausrottbare Angst, dass der betreffende Mensch ohne den Versehgang weniger Chancen zur ewigen Seligkeit habe. Ich brauchte einige Zeit, zu lernen, dass auch über diesbezügliches pastorales Handeln hinaus der Satz gilt: Gottes Liebe ist immer größer! Und dass es ein wahnwitziger Gotteskomplex der Pastoral selber wäre, in solcher Form Gottes Handeln von menschlichem Handeln abhängig zu machen.

Selbstverständlich ist es mir nach wie vor wichtig, zu einem kranken und sterbenden Menschen möglichst schnell zu kommen, aber nunmehr vor allem mit der Begründung, bei ihm/ihr zu sein und beizustehen und die Krankensalbung zu spenden als ein Symbol der unendlichen Solidarität Gottes mit leidenden und kranken Menschen.

In Gottesdiensten ist gerne vom Einladen die Rede. Doch es ist ein Kaschierungswort für subkutane Bedingungs- und Wenn-dann-Verhältnisse, wenn dann gebetet wird: „Denn deinen Gläubigen, o Herr, wird das Leben gewandelt, nicht genommen." Und den anderen? Die andere Seite muss dann entweder aus der Kommunikation aussteigen oder sie fügt sich der Drohung und damit einer Selbstunterwerfung. Es ist zu verführerisch, eine immer komplexere und pluralere Welt wenigstens religiös derart in ein Schwarz-Weiß-Korsett zu bringen[4] und dies auch noch mit einem dafür zurechtgestutzten ungöttlichen Gott, also einem Götzen, zu begründen. Es geht um die Freiheit, nicht zum Glauben kommen zu müssen und dabei gleichwohl nichts an Gottes Liebe zu verlieren. Dies wäre so etwas wie eine kopernikanische Wende für die Zukunft religiöser Spiritualität.

Christliches Zeugnis verzichtet auf Siegerattitüden jeder Art und provoziert so manche Hilflosigkeit. Es bedeutet nicht Überreden, auch nicht unbedingt Überzeugen, denn im Wort des Überzeugens steckt auch noch das Wort „über"; auch hier lauert die Haltung, sich über die anderen zu stellen und mit der gescheiteren Argumentation auch das Verhältnis entsprechend abstufend zu gestalten. Dies gilt übrigens auch für die positive Version von Drohung, nämlich Menschen durch exklusive Belohnungen gewinnen zu wollen. Drohungs- und Bestechungsverzicht ist ein eigenes Wahrheitskriterium christlicher Mission. Und zur Religions- und Konfessions- gehört auch die Blasphemiefreiheit fundamentalistisch-destruktiven Religionsformen gegenüber, wo immer sie auftauchen. Ihre Götzen dienen nur ihnen selbst und haben nichts als Spott verdient.

2. Nicht die Quelle verstopfen!

Menschen machen die „Rechnung“ ohne den „Wirt“, wenn sie sich gegenseitig unter den Imperativ der Liebe stellen und nicht gleichzeitig nach den Ressourcen suchen, die diese Liebe ermöglicht: gegen die Angst vor Gefährdung und Verlust und für Liebe und Freiheit unter den Menschen. Christinnen und Christen glauben (im Anschluss an Jes 55,1) an einen gastwirtlichen Gott, der gratis gibt; nicht etwa, dass Menschen, die nicht an diesen Gott glauben, nicht liebesfähig wären. Denn diese göttliche Energie gibt es vielerorts in anderen Religionen und außerhalb ihrer expliziten Benennung, ebenso vielfach vermittelt durch zwischenmenschliche Geborgenheits- und Vertrauenserfahrungen.

Aber christliche Gläubige kapieren nicht viel von „ihrem“ Gott, wenn sie Gott nicht derart erfahren und weitergeben: als Anerkennung und nicht als Verkleinerung, als Lebensfülle und nicht als Vitalitätsbeschränkung, als Ermöglichung und nicht als Moralisierung, als göttliches Mitgehen mit den Scheiternden und Schuldigen (denn Gott ist keiner, der sich jemals von ihnen abwendet). Sonst bürden die in der Verkündigung Verantwortlichen den Menschen unverantwortliche Lasten auf (vgl. Lk 11,46). Wenn sie Gott mit Moralisierungen einhegen, entziehen sie auch der zwischenmenschlichen Nächsten- und Fernstenliebe die Kraftquelle. Denn Forderungen allein geben nur wenig Kraft, sie zu erfüllen.

Das Christentum vertritt die Wahrheit vom Erlösungswerk Christi. Die Dialektik zwischen der Singularität der eigenen Wahrheit (verglichen mit den Wahrheiten anderer) und der Universalität ihrer Bedeutung ist als generative Spannung wahrzunehmen. Es ist zu vermeiden, dass die Singularität Christi bezüglich des göttlichen Heils für diese Welt exklusiv und nicht inklusiv verstanden wird. Diese Erlösung gilt für alle Menschen, auch für die, die nicht an Christus glauben. Gottes Heilsradius ist unendlich zu denken. Jesus ist die historische Spitze jener zweiten göttlichen Person, durch den die ganze Schöpfung geschaffen wurde und in dem sich die Schöpfung vollendet. Die Gnadenordnung ist also der innerste Kern der Schöpfungsordnung. Die Reichweite der paulinischen Rechtfertigungstheologie ist unendlich, auch über den Glauben und den Tod hinaus.

Die Kirchen glauben an die unüberbietbare Authentizität der Offenbarung in Christus. Die Frage ist nur, in welchen Kategorien diese „Unüberbietbarkeit" zum Einsatz kommt. Es ist eine Unüberbietbarkeit an Anerkennung, an Solidarität und Kooperationsbereitschaft, an Antifundamentalismus mit dem Verzicht auf die Divinisierung der eigenen Glaubenseinsichten, an Gottvertrauen und Freiheitsliebe, an Selbst- und Anderenkritik (aber jeweils strikt gebunden an die Werte der Gerechtigkeit und der Barmherzigkeit), an Gewaltverzicht und Ermächtigung der Ohnmächtigen, an Hoffnung, in der Alterität der anderen bisher unentdeckte Seiten des immer wieder fremden Geheimnisses Gottes zu entdecken.

3. Entgrenzungen

Was die Kirche aufgrund der biblischen Offenbarung hoffnungsschenkend und ermutigend Reich Gottes zu nennen vermag, geht in seiner faktischen Präsenz selbstverständlich über sie hinaus, und zwar nicht nur im Liebes- und Gerechtigkeitshandeln vieler Menschen, sondern auch in den Transzendenzvorstellungen vieler Religionen und in den nichtreligiösen Symbolisierungen (in Bildern der Kunst, in Meditationen, in der Poesie, in der Musik usw.), welche die Hoffnung in hoffnungsarmen Situationen aufrechterhalten, auch im immer wieder drohenden Sinnlosigkeitsverdacht bei dem Risiko, Gerechtigkeit, Freiheit und Liebe in dieser Welt praktisch zu vertreten.

Hier zeigt sich eine entscheidende Entgrenzung nach innen und nach außen, die eine permanente Entideologisierung des Glaubens und Entorganisierung institutioneller Grenzen provoziert. Einmal die Entgrenzung nach innen, insofern zum Zentrum der Kirche und zu ihrem besonderen Verantwortungsbereich von vorneherein alle die gehören, die in Not sind, und zwar allein deswegen, weil sie in Not sind, aus welchen Religionen und Kulturen auch immer sie kommen. Dann um deretwillen die Entgrenzung nach außen, indem Christen und Christinnen mit allen Initiativen und Gruppen, mit allen Menschen guten Willens aus allen Religionen und Kulturen zusammenarbeiten und sich mit denen solidarisieren, die sich in ihren Aktionen und Parteinahmen für die Leidenden im eigenen Land und in anderen Ländern einsetzen und darauf aus sind, die sozialpolitischen und wirtschaftlichen Ursachen des Leidens aufzudecken und zu bekämpfen.

Zur christlichen Sendung gehört auch das Gebet, nicht nur für deren Erfolg, sondern auch für das Wohlergehen der Menschen, auch ganz anderer Menschen und Religionen. Dazu gehört wesentlich das stellvertretende Gebet, nämlich für sie und an ihrer Stelle zu glauben, davon Zeugnis abzugeben und stellvertretend für sie die

Sakramente zu feiern und für sie das Heil zu erwarten. So wird in der Eucharistie, so wird im Abendmahl das Heil der ganzen Welt gefeiert, die Erlösung aller Menschen, in expliziter Stellvertretung für diejenigen, die davon nichts wissen oder nichts wissen wollen. Dies ist keine Vereinnahmung, weil dafür keine Bedingungen gestellt werden.

Wie Jesus am Ende das Scheitern seiner Mission am Kreuz erlebt und im Scheitern für diejenigen, die die Botschaft nicht annehmen, ja für die Täter stellvertretend betet und stellvertretend sühnt (vgl. Lk 23,34), so ist auch die christliche Mission nicht mit dem Scheitern zu Ende. Sie zieht sich dann nicht auf sich zurück, sondern begibt sich in den anderen Modus, in die andere Qualität der Proexistenz, nämlich in das stellvertretende Fürbittgebet, und in ein sakramentales Feiern, das die Nichtdazugehörigen, die ganz anderen nicht aus dem Blick verliert, sondern im Radius des Heiles wahrnimmt und sich dafür einsetzt.

Hierher gehört auch die auszubauende Möglichkeit, dass sich Konfessionen und Religionen gegenseitig zum Schweigen,[5] zur Anbetung, zum Gebet einladen und entsprechende Gottesdienste entwerfen, auch als Erfahrungsräume für die gemeinsame Freude an der Gratuität des Lebens. Dieser gemeinsame Vollzug der Doxologie, der Spiritualität, Gott größer sein zu lassen auch als die eigenen Offenbarungen, auch als die eigene Sprachlosigkeit in der Erfahrung von Katastrophen, und deswegen sich gemeinsam auf diesen je größeren Gott ausrichten zu können und zu dürfen, wäre die faszinierende Basis interkonfessioneller und interreligiöser Beziehung, die nicht sich, sondern Gott die Ehre gibt. Über Orthodoxie und Orthopraxie hinaus gelänge orthopathisch eine gemeinsam zu entdeckende Mystik der Gottesverehrung und der Gottesfurcht.

Die Doxologie ist keine Selbst- und Andere-Unterwerfung, sondern der den Menschen stärkende Akt, Gott größer sein zu lassen als die eigenen Grenzen, und der Akt des Vertrauens, dass sich dieses Größer-Sein für alle immer in der Dynamik unerschöpflicher Liebe ereignet.

4. Verschärfung des „Jüngsten Gerichts"

Mit der Frage nach dem Heil aller Menschen steht auch die jeweilige Eschatologie zur Debatte. Ist es eine dualistische Eschatologie zwischen Himmel und Hölle, zwischen Heil und Unheil, mit der dann so recht die schärfste Drohkulisse aufgebaut werden kann, oder ist es jene Eschatologie, die nichts vom Gericht schmälert, die aber das Gericht sich innerhalb der unendlichen Liebe und Versöhnungsmacht Gottes ereignet sein lässt? Aber was bedeutet das für die Gerechtigkeit und für das Zur-Rechenschaft-Ziehen derer, die unsägliches Leid verursachen? Ist das dann einfach in der „Liebe“ vergeben und vergessen? Das wäre unerträglich!

Im Jüngsten Gericht öffnen sich Glaube und Unglaube für die unmittelbare Anschauung Gottes und übrig bleibt die große Frage danach, ob die Menschen Leid zugefügt oder um anderer willen auf sich genommen haben (vgl. Mt 25). Reueschmerz und Freude werden sich in der Ewigkeit der Liebe Gottes nicht beruhigen können. Ein aus dieser Liebe exkludierter Schmerz würde der Lieblosigkeit nicht gerecht und würde die Universalität Gottes hintertreiben. Gottesfurcht ist allemal angebracht, nie aber die Angst vor einem göttlichen Liebesentzug. Hier geht es nicht um Laxheit, vielmehr verschärft sich im Horizont des universalen Heils und der nicht zurückgezogenen Liebe Gottes für alle Menschen der Vollzug des Gerichts, des darin ermöglichten Reueschmerzes, also *in* dieser Liebe das Schlimme, das man anderen angetan hat, niemals zu vergessen. Leid ist nicht „einfach" verzeihbar, denn es kann nicht ungeschehen gemacht werden.

Die christliche Verkündigung darf sich nicht (nur) am harmonischen Kommunikationsmodell orientieren, das im Zusammenhang mit der unharmonischen und zerrissenen Welt kaum kommunizierbar ist, sondern hat darin auch den Riss, wie er sich am Kreuz in Gott selber zeigt, mit einzubeziehen. Dieser kommt programmatisch zum Vorschein in der Klage der zweiten göttlichen Person am Kreuz gegen Gott und in der Vorstellung, dass diese Klage nie aufhört, solange es das Leiden der Menschheit gibt. Es geht um die Resonanzfähigkeit der Resonanzbrüche in der Gottesbeziehung. Wenn Christus tatsächlich der einzige Mittler ist, dann auch insofern, als sich diese „Vermittlung" im Widerstreit ereignet. Und dies geschieht bis ins Gericht hinein, in dem Christus die Klage der geschundenen Menschheit in Gott gegen Gott führen wird. Gott umfasst die schlimmsten Gegensätze, ohne sie zu banalisieren. Der Dualismus ist in Gott auszutragen und nicht in die Hölle hinein gott- und lieblos „outzusourcen".

Angesichts des unermesslichen Leidens, das die Menschen den Menschen antun, verbindet sich die Frage nach Gott elementar mit der Frage danach, ob die Opfer verloren sind und ob die Täter triumphieren können oder ob es einen Gott gibt, der nicht alles „egal" ausgehen lässt, sondern eine Zäsur setzt, in der die Opfer gerettet und gehört und in der die Täter angeklagt und zur Rechenschaft gezogen werden. Für jeden Menschen ist diese unumkehrbare Zäsur der Tod.

Gäbe es kein diesbezügliches Gottesgericht, dann wäre ein Weiterleben nach dem Tod durch die Verhöhnung der Opfer und die nachträgliche Legitimation der Täter erkauft. Aus der Gerechtigkeitsperspektive träfe sich eine solche Eschatologie mit dem Atheismus, der ebenfalls davon ausgehen muss, dass es für die geschichtliche Aporie des Leidens und der Ungerechtigkeit keine Er-Lösung gibt.

Doch kann auch die Erlösung zu flach und zu wenig leidsensibel gedacht werden. Man kann die Opfer nicht einfach dazu auffordern, den Tätern zu verzeihen. Dies wäre eine zusätzliche Gefühllosigkeit an ihnen. Es gibt so etwas wie eine legitime Sehnsucht nach einem Amalgam von Rache und Gerechtigkeit.[6] Dafür stehen auch die Rache- und Fluchpsalmen (Ps 58,7; vgl. Ps 3,8). Vieles ist und bleibt unverzeihbar, weil das zugefügte Leid unermesslich ist. Vergebung kann nicht geschehen. Denn Vergebung kann nichts ungeschehen machen. In der biblischen Spiritualität wird die Unfähigkeit sehr schlimm Geschädigter, zu vergeben, ihrerseits in die Gottesbeziehung aufgenommen. Paulus radikalisiert diesen Zusammenhang in Röm 12,17–21. Hierin zeigt sich die Hoffnung, dass die Rufe nach der Rache Gottes für die schlimmsten Täter nicht ungehört bleiben.[7] Es ist tatsächlich „eine moralisch anmaßende Heuchelei“, Menschen, denen Schlimmstes zugefügt wurde, zum Verzeihen aufzufordern und dies als *Pflicht* zur Nächstenliebe zu deklarieren.[8] Dies gilt auch eschatologisch!

5. Zorn Gottes

Wenn ich von Eltern höre, deren Tochter vergewaltigt und getötet wurde, kann ich schon meinen eigenen Mitschmerz nicht aushalten. Es gibt ein vitales Recht dieser Eltern, den Täter zu hassen und ihm nicht zu vergeben, verbunden mit der Sehnsucht, dass der Täter dafür leiden, büßen und sühnen muss. Dafür gibt es in den Gesellschaften die entsprechenden Strafsysteme, aber die reichen nicht aus, weil sie dem, was geschehen ist, äußerlich sind, weil sie das Herz dieses Schmerzes nicht erreichen. Diese Sehnsucht der Opfer kann im Jüngsten Gericht nur erfüllt werden, wenn es dem Täter dabei an sein innerstes Mark geht.

Die traditionelle Hölle ist eine von außen auferlegte Strafe, die dem, was geschehen ist, äußerlich bleibt. Sie erreicht nicht das Herz dessen, was zugefügt und erlitten wurde. Dies kann nur im Horizont dessen geschehen, was hier zutiefst verletzt wurde, nämlich der Liebe selber, einer für uns dann unvorstellbaren, weil unerschöpflichen Liebe, die in sich alles, was lieblos war, mit einem in Gott unendlichen Schmerz belegt. Das Dogma der ewigen Hölle bleibt gültig, aber noch radikaler, als es bisher gedacht wurde. In der maßlosen Liebe Gottes und angesichts derer, denen Leid zugefügt wurde, beruhigt sich der Schmerz nicht, nicht weil er von außen auferlegt wäre, sondern weil diese Dynamik unerschöpflicher Liebe genau diese Schmerzerfahrung energisch betreibt. Analog zur felix culpa ist dies ein felix dolor, ein Schmerz innerhalb der Seligkeit selber und innerhalb einer Versöhnung, die nie aufhört und genau darin unendliche Seligkeit erfahren lässt.

Nur weil es von Gott her diese unerschöpflich mögliche Unmöglichkeit gibt,[9] dass das Unverzeihliche, ohne die Unverzeihlichkeit aufzulösen, gleichwohl „verziehen" wird (aber dieses Wort stimmt dann auch schon nicht mehr), können sich die Sünder und Sünderinnen, im Sprachspiel des Paulus, als verurteilt *und* gerecht gesprochen erfahren. Gott ist hier die reine Unmöglichkeit, theologisch formuliert: die reine Gnade. Den Satz, dass Gottes Liebe „*nicht der Sündenmenge*"[10] denkt, halte ich eschatologisch für falsch: Gott erinnert an jede Leidzufügung, bringt sie in die Anklage und Verurteilung und begegnet ihr *darin* mit unendlicher Liebe. Das Kreuz nimmt die Sühne nicht weg, sondern ermöglicht sie in der nie zurückgezogenen Liebe Gottes. Christi Stellvertretung ist nicht exklusiv, sondern generativ zu denken.

Diejenigen, denen unermesslicher Schaden zugefügt wurde, können ihrerseits im Horizont der göttlichen Möglichkeit das Unmögliche nachvollziehen, das Unverzeihliche verzeihen: ihrerseits auf dem Hintergrund der Schmerzenszeichen am Leibe der Täter, aber auch weit darüber hinaus ermöglicht, nämlich von Christi Vergebungsgnade getragen. So begegnet in Gott die Unmöglichkeit nicht begnadigender Gnade, nichts verzeihender Versöhnung. In Gott wird die Versöhnung als befreiendes Erlebnis geschenkt. Verzeihen können ist reine Gnade, geschieht aus der reinen Gabe heraus.

Der Zorn Gottes auf alles Lieblose und auch auf die Lieblosen, diese entscheidende Kategorie in der Bibel, nämlich dass Gott zornig wird, wird sich auch im Gericht ereignen, wird darin nicht verschwinden, sondern seine höchste Qualität in der Anklage der Sünder und Sünderinnen erreichen. Es ist weiterhin in Christus der im Zorn richtende Gott, der nichts vergibt, was nicht in der Liebe aufgenommen und darin dem entsprechenden Prozess übergeben ist.[11]

In der Hölle, wenn sie als von der Liebe Gottes getrennter und damit durch und durch schlechter und böser Ort gedacht wird, kann es weder eine Selbstanklage noch eine Reue geben, denn Reue wäre ein Vollzug von Leidtun und Liebe. Wer also von ewiger Reue spricht, kann nicht von einer von Gott abgetrennten Hölle sprechen. Manche Begriffe, die bisher die Hölle bezeichneten, können durchaus auch in einen Zusammenhang gebracht werden, der mit unerschöpflicher Liebe zu tun hat. So kann es eine „ewige Qual", so kann es „Heulen und Zähneknirschen" (vgl. Mt 13,50) in der Sühne dafür geben, was man anderen angetan hat. Auch dass das Feuer dieser Erinnerung nicht erlöschen wird, kann sich im Horizont von Empathie und Liebe ereignen.

6. Ein Himmel, der allen gerecht wird

Man kann dies im Bild der Wundmale Jesu zum Ausdruck bringen. Wie die Leidenden (analog zu den Wundmalen des Auferstandenen, mit denen er in die Dreifaltigkeit aufgenommen wurde) ihre Wunden haben, die aber in der „Verklärung" des Himmels nicht mehr schmerzen, sondern ewig leuchten, so tragen die Täter die Wunden ihrer Taten eintätowiert, aber nicht als Fremdbestimmung, nicht als sinnlosen Schmerz, sondern als durch die Versöhnung gegangene Wundmale des Reueschmerzes, an dessen tiefstem Punkt der gerichtete Mensch für das ewige Leben gerichtet wird. So ist auch der Himmel nicht ein Ort, der durch billigen Freispruch oder gar durch blankes

Vergessen erkauft ist. In der neuen Welt bleibt die Erinnerung an die alte Welt in den Wunden der Leidenden und den Reuewunden der Täter gegenwärtig als nun durch die Versöhnung gegangene und „geklärte“ Erinnerung an die alte Welt und ihr Leiden.

Der Begriff der Wunde mag hier als Repräsentanzbegriff dafür angenommen werden, dass auch im Himmel die Erfahrungen dieser Welt niemals vergessen sind. Dagegen steht sicher die Vorstellung, dass es irgendwie unbehaglich ist und das gesamte Heil lädieren könne, wenn der Himmel mit dem Begriff Wunde verbunden wird. Sicher stimmt dieses Wort auch nicht, wenngleich es sich auf die Wunden des Auferstandenen zu beziehen vermag, der mit diesen Wunden nicht nur auferstanden, sondern auch in den „Himmel“ der Dreifaltigkeit zurückgekehrt ist. Es ist genauer darüber nachzudenken, was der Begriff der „Verklärtheit“ in diesem Zusammenhang meint. Jedenfalls kann das Diesseits nicht durch den Himmel wegparfümiert werden.

Es gibt tatsächlich eine eigenartige Kontinuität in der Ereignisgeschichte Gottes in dieser Welt und auch darüber hinaus, nämlich dass Gott „*immer wieder* neu mit uns anfängt – in der Zeit und dann über die letzte Grenze, über den Tod hinaus“[12]. Für Paulus ist in 1 Kor 15 die Auferstehung *das* Ereignis, ohne das alle anderen Ereignisse sinnlos wären (1 Kor 15,14). Innerhalb des Neuanfangens mit dieser Welt hat das Ereignis des Jüngsten Gerichts also eine gewisse Provenienz und Prominenz zwischen all den Ereignissen, die zuvor waren, und den Ereignissen, die danach, in der geretteten Welt, kommen. Das Jüngste Gericht steht also nicht als isoliertes Ende der Vorgeschichte im Mittelpunkt, sondern als in die Ewigkeit hinein transformierte Wichtigkeit genau dieser Vorgeschichte. Kein Ereignis geht verloren und kein Ereignis nach dem Gericht ist vom Jüngsten Gericht her isoliert zu denken. Aus dieser Perspektive kann man mit Vorsicht sagen, dass auch im Himmel das Gericht nie aufhört, sondern immer wieder in neue Ereignisse hinein wirksam bleibt. In diesem Sinn ist der Himmel der unermessliche Horizont des Gerichts.

Die oft flachen Vorstellungen vom Himmel sind nicht selten auch davon geprägt, dass die Seligen in gleicher Weise selig sind. Dagegen gibt es aber auch in der Tradition jene Bilder, in denen der Himmel pyramidenförmig gedacht wird, mit unterschiedlichen Stufungen von unten nach oben. Auch in Dantes göttlicher Komödie hat der Himmel Stufungen. Darin schlägt sich eine Ahnung davon nieder, dass die Seligen nicht in gleicher Weise selig sind, dass es Unterschiede gibt, je nachdem, wie sie gelebt haben. Bei Dante gibt es neun Sphären, die bis hinauf und immer näher an Gott heran und in die je vollkommenere Seligkeit bringen. Interessant ist dabei, dass über alle neun Sphären der höchste Himmel zugleich ein Feuerhimmel ist, der in die Unendlichkeit und damit ins nie Abschließbare reicht. Licht und Feuer bedingen sich gegenseitig und nicht nur das Licht, sondern auch das Feuer hört niemals auf. Dies ist eine aufschlussreiche Perspektive für die Unterschiedlichkeit und bleibende Qualität der Feuererfahrung im Bereich des Himmels. Feuer und Licht sind die Metaphern für das unerschöpfliche Geliebtwerden, das allen gilt, aber nicht gleich macht, sondern jedem Menschen zugleich gerecht wird. Das Bild der Stufungen ist also dahin zu korrigieren, dass es sich hier nicht um Hierarchien handelt, weil alle mit der je gleichen unendlichen Kraft geliebt sind und gerade dies ihre Unterschiedlichkeit rettet.

Die Folgen des Jüngsten Gerichts reichen also bis in den Himmel hinein und spiegeln sich dort wider. Ein Verbrecher, der anderen das Leben genommen hat, kann nicht in gleicher Weise selig sein wie ein Mensch, der sich bis zum Äußersten für das Leben der anderen eingesetzt hat. Seligkeit planiert nicht die Differenzen durch Spurlosigkeit, sondern bringt sie verschärft zum Ausdruck, und darin umso mehr mit der darin gleichwohl geschenkten Seligkeit. Jede Glückseligkeit hat ein eigenes Profil, unverkennbar bis in Ewigkeit, was immer diese in ihrem Zeitcharakter sein wird.

Das Jüngste Gericht ist nicht das Ende der Geschichte, sondern garantiert die Kontinuität der Ereignisse Gottes mit den Menschen, allerdings ganz anders, als wir es uns jetzt vorstellen können. Insofern gibt es in dieser Kontinuität laufend – durch das Neue und das nochmals ganz anders Neue im Gericht – Diskontinuitäten in dieser Kontinuität des „Immer-wieder-neu"; denn sonst gäbe es das Neue nicht. Johann Baptist Metz erscheint aus dieser Perspektive als der Anwalt gegen die Kontinuitätsideologie einer evolutionären Zeitkonzeption, die sich einschleichen könnte und kann, wenn man das jeweils Neue nicht radikal genug sieht.[13] Im Übrigen hängt es, ereignisbezogen, immer von den Situationen und Personen ab, ob sich mehr Diskontinuität oder Kontinuität in diesem „Neuen" ereignet. Dieses Neue von Gericht wie in der „Zeit" danach kann nur „erahnt" werden, aber wenn es ein „Ereignis einer Gerechtigkeit, die wir nur erahnen" können, sein wird,[14] dann konzentriert sich darin ein Ende genauso wie ein Anfang. Die Erahnung selbst muss gedankliche Versuche nicht ausschließen, wenn Letztere sich ihres Charakters der Erahnung bewusst bleiben und alles Gedachte auch wieder an das Geheimnis Gottes abgegeben wird.

Damit breche ich dieses Gespräch mit meinem Jugendbuchautor und dem Jesuitenpater Jón Sveinsson ab und kann mir gut vorstellen, wie er aus seiner jetzigen Erfahrung der unendlichen Liebe und Freiheit Gottes heraus mir jenes milde Lächeln zeigt, von dem viele berichten, die ihn vor allem in den späteren Jahrzehnten seines Lebens kennengelernt haben. Er weiß es jetzt jedenfalls mit Sicherheit besser, weil er sich im letzten Wort Gottes befindet.

Im Diesseits hat niemand vor allem in dieser Hinsicht das letzte Wort, das gehört allein Gott selbst. Doch dass Gott das letzte Wort hat, verbietet uns nicht unsere eigenen Wörter! Sofern wir ihm das letzte Wort lassen.[15] So dürfen wir aufgrund des uns geschenkten Wortes Gottes in Bibel und christlicher Tradition und seiner besten Anteile auch im kirchlichen Glauben die größere Hoffnung ins Wort bringen, die Sveinsson erahnt hat und die mitzuformulieren ich durch meinen theologischen Kontext beschenkt war und bin.

In dieser tröstenden Begegnung mit Pater Sveinsson spiegeln sich dann auch der Trost und die Hoffnung, die ich all denen wünsche, die bis heute in ihren religiösen Kontexten fundamentalistischen Schwarz-Weiß-Vorstellungen und entsprechenden Ängsten ausgesetzt sind und diese manchmal nicht anders bewältigen können, als dadurch, sie zu verschärfen, um ihre Identität zu retten. Dieser Disput ist alles andere als geklärt oder gar zu Ende, er ist höchst aktuell in Auseinandersetzungen mit weltweiten religiösen und politischen identitären Aufbrüchen sowie von daher in vielen unversöhnten Differenzen in säkularen und religiösen Sozialgebilden.

Anmerkungen

Vorwort

1 Vgl. Karl Rahner, Erfahrungen eines katholischen Theologen, in: Karl Lehmann (Hg.), Vor dem Geheimnis Gottes den Menschen verstehen, Freiburg i. Br. 1984, 105–119, 106–108; vgl. K. Rahner, Von Gott muss geredet werden, in: Orientierung 53 (1989) 6, 61.

2 Vgl. Markolf H. Niemz, Bin ich, wenn ich nicht mehr bin? Ein Physiker entschlüsselt die Ewigkeit, Stuttgart 4/2011; ders., Was sagt die Physik über die Möglichkeit einer postmortalen Existenz?, in: Tobias Kläden (Hg.), Worauf es letztlich ankommt. Interdisziplinäre Zugänge zur Eschatologie (Questiones disputatae 265), Freiburg i. Br. 2014, 41–48; vgl. dazu Ottmar Fuchs, Eschatologie – mehr gefragt als vermutet?, in: ebd. 297–317, 313ff.

Ouvertüre: Ungewöhnliche Reise

1 Im 19. Jh. fielen Handelsbeschränkungen, die Dänemark auferlegt hatte, der Hafen von Akureyri nahm etwas Aufschwung. Einerseits wanderten viele nach Amerika und Kanada aus, es gab aber eine Aufbruchstimmung im Land, die Wert auf Erziehung und Handel als Grundlage für ein unabhängiges Island legte, allerdings erst in der zweiten Hälfte des 19. Jahrhunderts.

2 Zitiert im Klappentext von Joseph Conrad, Herz der Finsternis, Zürich 2005. Auch weil dieses Naturbild viel mit Island selber zu tun hat, sei es hier zitiert.

3 Udo Wolter, Exil der materiellen Interessen, in: jour fixe initiative Berlin (Hg.), Fluchtlinien des Exils.

4 Stefan Zweig, Unvergessliches Erlebnis, in: Stefan Zweig, Jacques Feschotte, Rudolf Grabs (Hg.), Albert Schweitzer. Genie der Menschlichkeit, Frankfurt a. M. 1961, 9–19, 12–13.

5 Auch bei den so unterhaltsamen Pater-Brown-Geschichten von Gilbert K. Chesterton ist außer Zweifel, dass Pater Brown nicht nur Menschen vor dem Galgen rettet, sondern auch die Sünder vor der Verdammnis. Stirbt ein Mensch ohne Reue und Umkehr, dann gehört er der Hölle. Allerdings sind es hier die Verbrechen und nicht die Glaubensgrenzen, die die Verdammnis nach sich ziehen. Aber im Unterhaltungssektor von Kriminalromanen fällt dies offensichtlich nicht sonderlich auf. Vgl. Gilbert Keith Chesterton, Sämtliche Geschichten um Father Brown (übersetzt von Hanswilhelm Haefs), Leipzig 1999.

6 Ulrich Greiner, Das erlesene Land. Wie aufregend Island ist, lernten Generationen aus dem Kinderbuch „Nonni". Es verspricht nicht zu viel, in: DIE ZEIT Nr. 13 (2005) vom 3. März 2005.

7 Vgl. Tómas Ingi Olrich, Akureyri. A northern Haven, Reykjavik 1984, 40.

8 Vgl. Gunnar F. Guðmundsson, Pater Jón Sveinsson. Nonni (Reykjavik 2012), Köln 2017, 408.

9 Vgl. Heinz Barüske, Island. Kunst- und Reiseführer mit Landeskunde, Stuttgart 1991, 178 und 217, nicht aber in Islands Literatur, 102–121. Auch im entsprechenden Kapitel „Die Sagas – Geschichte und Geschichten" der „Gebrauchsanweisung für Island" von Kristof Magnusson kommt Jón Sveinsson nicht vor, obgleich gerade er den isländischen Sagen auch in seinen Publikationen viel Aufmerksamkeit gewidmet hatte, vgl. Kristof Magnusson, Gebrauchsanweisung für Island, München 2011, 125–161. Auch im Wikipedia-Eintrag „Isländische Literatur" (Zugriff 20.1.2019) kommt Jón Sveinsson unter den bedeutsamen isländischen Autoren nicht vor. Ist der einzige Grund, dass er ursprünglich kaum auf Isländisch erstpubliziert hat? Immerhin gibt es seine Bücher längst in isländischer Sprache.

10 Vgl. Barüske, Island 217.

11 Gunnar F. Guðmundsson, Pater Jón Sveinsson. Nonni. (Aus dem Isländischen von Gert Kreutzer), Reykjavik 2012, Köln 2018. Vgl. dazu die feine und aufschlussreiche Besprechung dieses großen Nonni-Buches von Winfried Heinemann, in: Stimmen der Zeit 133 (2018) 441–443. Aufschlussreich sind auch: Brynhildur Pétursdóttir, Jón Svensson. Nonni. Leben und Werk, Akureyri 2011 (mit vielen Fotos aus den Lebensabschnitten Nonnis), sowie die einschlägigen Aufsätze von Gert Kreutzer, Nonni und die isländische Literatur, in: ISLAND. Zeitschrift der Deutsch-Isländischen Gesellschaft, 1(1995)1, 5–21; ders., Nonni als Lehrer und Missionar in Dänemark, in: ISLAND. Zeitschrift der Deutsch-Isländischen Gesellschaft, 1(1995)1, 23–29.

12 Bei der 46. Theologischen Studientagung des Ansgar-Werkes für pastorale Mitarbeiterinnen und Mitarbeiter aus den Nordischen Bistümern (Island, Norwegen, Schweden, Finnland und Dänemark) vom 25.06.–02.07.2018 im Haus Ohrbeck (Georgsmarienhütte) konnte ich mit einem Teilnehmer, einem Juristen aus Reykjavik, über die neue Biografie zu Nonni von Gunnar F. Guðmundsson sprechen und er sagte und brachte damit Entscheidendes aus der Biografie Nonnis zum Ausdruck: „Ein trauriges Buch", und ich würde dazu sagen: Und es macht auch in vielerlei Hinsicht traurig.

13 Ich beziehe mich hier auf diese Quellen, wie sie Guðmundsson bzw. die prima Übersetzung von Gert Kreutzer repräsentieren und wie sie ihren Auffundort jeweils in den Anmerkungen belegen. Die

Quellenlage und die Unterschiedlichkeit der Quellen können in der Biografie, vor allem in den Anmerkungen, nachgelesen werden.

14 Vgl. Guðmundsson, Nonni 267.

15 Deshalb sei es gestattet, dass ich in den Anmerkungen mitunter eigene Publikationen einbringe, wo sie unser Gespräch berühren.

16 Zu einer ähnlich schlimmen Erfahrung in anderen fundamentalistischen Bereichen vgl. Elaine Pagels, Das Geheimnis des fünften Evangeliums. Warum die Bibel nur die halbe Wahrheit sagt, München 2004, 36; vgl. dazu Ottmar Fuchs, Nag Hammadi: Eine liturgische Provokation für Inklusion, in: Diakonia 49 (2018) 4, 281–284.

17 Christa Wolf, Kindheitsmuster. Roman, Berlin und Weimar 1976, 34.

18 Wolf, Kindheitsmuster, im Klappentext hintere Seite.

19 Vgl. Ottmar Fuchs, Das Jüngste Gericht. Hoffnung über den Tod hinaus, Regensburg 2018.

20 Abgesehen von der großen Biografie von Guðmundsson gibt es bereits etliche kleinere und größere biografische Veröffentlichungen, vor allem die seines Mitbruders: Hermann A. Krose, Jón Svensson, Ein Lebensbild „Nonnis" dargestellt nach seinen Tagebüchern, Freiburg i.Br., 1949.

21 So bringt z.B. Griesers Replik auf Jón Sveinsson überhaupt keine konflikthaften Eingaben glaubensmäßiger oder ordensbezogener Art, was ja das „nicht zu spät" umso deutlicher hätte werden lassen: Dietmar Grieser, Es ist nicht zu spät, Wien 2010, 70–78.

22 Zum methodischen Konzept der Wahrnehmung von Geschichte in der Form einer Begegnung mit den Menschen der Vergangenheit vgl. Ottmar Fuchs, Doppelte Subjektorientierung in der Memoria Passionis. Elemente einer Pastoraltheologie nach Auschwitz, in: Reinhold Boschki, u.a. (Hg.), Zugänge zur Erinnerung. Bedingungen anamnetischer Erfahrung, Münster 2001, 309–345; ders., Die „Heiligenverehrung" als interpersonale Gestalt der Erinnerung, in: Jahrbuch für Biblische Theologie, Band 22 (2007), Neukirchen-Vluyn 2008, 333–359.

1. Das „glückliche" Ereignis

1 Vgl. Gunnar F. Guðmundsson, Pater Jón Sveinsson. Nonni (Reykjavik 2012), Köln 2017, 86ff, und Jón Sveinsson, Wie Nonni das Glück fand (1934) 24–27.

2 Vgl. Guðmundsson, Nonni 503.

3 Jón Svensson, Nonni. Erlebnisse eines jungen Isländers, Freiburg 1913, 11.

4 Vgl. Guðmundsson, Nonni 88.

5 Vgl. ebd. 93 f.
6 Ebd. 73.
7 Vgl. ebd. 500.
8 Ebd. 89.
9 Vgl. ebd. 89.
10 Vgl. ebd. 502.
11 Vgl. ebd. 97.
12 Ebd. 97.
13 Vgl. ebd. 133. Zur Geschichte der Katholikenverbote bzw. nach der Französischen Revolution einsetzender Prozesse wachsender Religionsfeindlichkeit vgl. ebd. 139.
14 Vgl. ebd. 503.
15 Ebd. 71.
16 Vgl. ebd. 98.
17 Vgl. ebd. 98.
18 Ebd. 99.
19 Ebd. 88.
20 Vgl. ebd. 88.
21 Vgl. ebd. 511.
22 Ebd. 177.
23 Ebd. 99.
24 In: Jón Sveinsson, Wie Nonni das Glück fand, Freiburg i.Br. 1934. „Nonni" ist also ca. 75 Jahre alt!
25 Ebd. 30 ff.
26 Ebd., vgl. auch Guðmundsson, Nonni 104 f.
27 Ebd. 101.
28 Sveinsson, Wie Nonni das Glück fand 32.
29 Jón Sveinsson, Nonni. Erlebnisse eines jungen Isländers, Freiburg i.Br. 1913, 85.
30 Vgl. Guðmundsson, Nonni 85.
31 Zitiert ebd. 247 f.
32 Ebd. 110.
33 Vgl. ebd. 111; vgl. Jón Sveinsson, Nonni. Erlebnisse eines jungen Isländers von ihm selbst erzählt, Freiburg i.Br. 1916, 83.
34 Vgl. Guðmundsson, Nonni 130.
35 Ebd. 542, Anm. 68.
36 Ebd, 378–379.
37 Vgl. ebd. 542. Diese intensive Mutterbeziehung schien auch einen neuromantischen Hintergrund in der isländischen Kinderliteratur zu haben, vgl. ebd.
38 Vgl. Ottmar Fuchs, Spiritualität ‚am Ende', in: Klaus Kießling (Hg.), Diakonische Spiritualität. Beiträge aus Wissenschaft, Ausbildung und Praxis, Berlin 2009, 24–35.
39 Guðmundsson, Nonni 542, Anm. 68.

40 Zitiert ebd. 542, Anm. 65.
41 Ebd. 127.
42 Ebd. 128.
43 Vgl. ebd. 145.
44 Ebd. 148.
45 Sveinsson, Nonni. Erlebnisse 1916, 34.
46 Vgl. Gudmunsson, Nonni 164.
47 Vgl. ebd. 510.
48 Vgl. ebd. 146.
49 Vgl. Christa Wolf, Kindheitsmuster. Roman, Berlin und Weimar 1976.
50 Vgl. ebd. 154.
51 Vgl. ebd. 154.
52 Vgl. Albert Wunsch, Mit mehr Selbst zum stabilen ICH, Resilienz als Basis der Persönlichkeitsbildung, Heidelberg 2013, 93ff.
53 Zitiert Guðmundsson, Nonni 368, aus: Jón Svensson, Die Stadt am Meer, Freiburg 1952, 19.
54 In: Svensson, Wie Nonni das Glück fand (1934).
55 Vgl. Guðmundsson, Nonni 153.
56 Vgl. ebd. 152.
57 Vgl. ebd. 154.
58 Vgl. ebd. 155.
59 Vgl. ebd. 157.
60 So damals in einer dänischen Ausgabe (erschienen 1863) des Katechismus von Joseph Deharbe SJ (Katholischer Katechismus oder Lehrbegriff, nebst einem kurzen Abriß der Religionsgeschichte von Anbeginn der Welt bis auf unsere Zeit, Regensburg und Linz 1847) 128 f, zitiert bei Guðmundsson, Nonni 157–158.
61 Zitiert ebd. 158 (aus: Deharbe 130).
62 Ebd. 158 (aus: Deharbe 130).
63 Svensson, Wie Nonni das Glück fand (1934) 136.
64 Vgl. Guðmundsson, Nonni 105.
65 Jón Svensson, Nonni. Erlebnisse eines jungen Isländers, Freiburg i.Br. 1913, 13; vgl. Guðmundsson 102.
66 Jón Svensson, Nonni, Erlebnisse eines jungen Isländers von ihm selbst erzählt, Freiburg i.Br. 1941, 29 f.
67 In: ders. Wie Nonni das Glück fand 1934, 40; vgl. Guðmundsson, Nonni 103.
68 Svensson, Nonni. Erlebnisse eines jungen Isländers (1913), 36. Vgl. Guðmundsson, Nonni 104.
69 Svensson, Nonni. Erlebnisse eines jungen Isländers (1913), 37–38, vgl. Guðmundsson, Nonni 104.
70 Ebd. 105.
71 Vgl. ebd. 107.

72 Ebd. 112.
73 Zitiert ebd. 105.
74 Ebd. 113.
75 Zitiert ebd. 115.
76 Vgl. ebd. 114.
77 Vgl. ebd. 114–116.
78 Vgl. 167.

2. Schulzeit und Studienzeit

1 Vgl. Guðmundsson, Nonni 166.
2 Vgl. ebd. 183.
3 Vgl. ebd. 186.
4 Vgl. ebd. 203.
5 Vgl. auch ebd. 186.
6 Vgl. ebd. 221.
7 Vgl. ebd. 188 ff.
8 Vgl. ebd. 92.
9 Vgl. ebd. 210.
10 Vgl. ebd. 218.
11 Vgl. ebd. 241.
12 Vgl. ebd. 190. Vgl. Ottmar Fuchs, Ortskirche – Weltkirche – Romkirche, in: Albert Franz (Hg.), Was ist heute noch katholisch?, Freiburg i.Br. 2001, 227–265, 252–259.
13 Vgl. Guðmundsson, Nonni 188 (aus: „Wie Nonni das Glück fand"),
14 Zitiert ebd. 225.
15 Vgl. ebd. 226.
16 So eine Botschaft vom Jesuitengeneral aus Rom, ca. 1877, vgl. ebd. 227.
17 Vgl. ebd. 211.
18 Zur theologischen Problematik des Siegerdiskurses vgl. Ottmar Fuchs, Von der siegreichen Apologie zum verletzbaren Denken und Handeln, in: Bernd Elmar Koziel (Hg.), Apologie und Glaubensrechenschaft zwischen Konfrontation und Korrelation, Würzburg 2017, 383–403.
19 Vgl. Guðmundsson, Nonni 212.
20 Vgl. ebd. 218.
21 Ebd. 218.
22 Nonnis Mutter war 1876 nach Kanada umgesiedelt.
23 Vgl. ebd. 218.
24 Vgl. ebd. 219. Zur Beziehung mit Hólm vgl. auch 242.
25 Noch eine andere Frau adressiert Jón Sveinsson demnach als Mutter, nämlich jene Madame Colson aus Lille, die für Nonni bis zu ihrem Tod Schule und Studium wesentlich mitfinanziert hat. Übrigens

im Zusammenhang einer besonderen Spiritualität, damit weiterhin einen „Sohn" zu unterstützen, nachdem ihr eigener Sohn im Deutsch-Französischen Krieg 1870/71 gefallen war. Denn es gab für dieses Internat ein Stipendiensystem, in dem reiche Frauen, die ihren Gatten oder andere liebe Menschen verloren haben, einen Schüler an Sohnes statt annehmen und derart die Institution mit ihrem Geld unterstützen. „Die Jungen wurden angehalten, diese Frauen als ihre Mütter anzusehen, ihnen regelmäßig Briefe zu schreiben, ihnen von ihren Gedanken zu erzählen und sie am Fortschritt ihrer Studien teilhaben zu lassen", ebd. 182.

26 Zitiert ebd. 222.

27 Ebd. 223.

28 Ebd. 224.

29 Ebd. 248.

30 So Jón Sveinsson in einem Brief an seine Mutter während seines Studiums, vgl. ebd. 248.

31 Vgl. ebd. 231 ff.

32 Vgl. ebd. 236 ff.

33 Ebd. 239.

34 Vgl. ebd. 240.

35 Vgl. dazu Gert Kreutzer, „Faulheit verboten" – Zeitkritik bei Hallgrímur Pétursson und Stefán Ólafsson, in: Folia Scandinavica 8 (2004) 27–46, 31.

36 Vgl. Guðmundsson, Nonni 244.

37 Zitiert bei Jürg Glauser (Hg.), Skandinavische Literaturgeschichte, Stuttgart 2/2016, 78 (Autor: Glauser), im Kapitel Frühe Neuzeit.

38 Vgl. Jón Svensson, Sonnentage. Nonnis Jugenderlebnisse auf Island, Freiburg i.Br. 1995, 222, 213; vgl. Guðmundsson, Nonni 520.

39 Hallgrímur Pétursson, Die Passionspsalmen, wiedergegeben von Wilhelm Klose, Reykjavik 1974, 2.

40 Petúrsson, Passionspsalmen 165–166, Nr. 35 Strophe 8 und 10.

41 Ebd. 67, Strophe 13.

42 Ebd. 21, 4. Gesang, Strophe 24.

43 Ebd. 20, 4. Gesang, Strophe 22.

44 Ebd. 13f, 3. Gesang, 7. Strophe und 11. Strophe.

45 Ebd. 15, 14. Strophe.

46 Vgl. Ottmar Fuchs, Die andere Reformation. Ökumenisch für eine solidarische Welt, Würzburg 2/2017.

47 Zitiert Guðmundsson, Nonni 193.

48 Ebd. 193.

49 Vgl. 209.

50 Zitiert aus Sveinssons „Spiritualia", ebd. 253.

51 Am 7.2.1885 in Sveinssons Brieftagebuch, vgl. ebd. 522.

52 Vgl. ebd. 521.

53 Vgl. ebd. 523.
54 Ebd. 549, Anm. 87.
55 Vgl. ebd. 542, Anm. 64, in einem Brief vom 1.3.1916.

3. „Sobald ich zu den Deutschen kam, wurde es finstere Nacht"

1 Vgl. Guðmundsson, Nonni 249.
2 Vgl. ebd. 250.
3 Vgl. ebd. 523.
4 Zitiert ebd. 523 (im September 1885 im Brieftagebuch).
5 Analog zu Ignatius: „Was habe ich wegen meiner Sünden anderes verdient als die Hölle und das ewige Fegfeuer? Ich gestehe in Wahrheit, dass ich aller Verachtung wert bin und es auch nicht verdiene zu deinen frommen Dienern gezählt zu werden" (zitiert ebd. 264 und 524).
6 Vgl. ebd. 263.
7 Ebd. 264.
8 Mit Bezug auf Ignatius von Loyola vgl. ebd. 265.
9 Zitiert ebd. 264 (Thomas von Kempen, Nachfolge Christi, Kap. 8, 5–6).
10 Ebd. 265.
11 Zitiert ebd. 266 f.
12 Vgl. ebd. 267.
13 Vgl. ebd. 233.
14 Zitiert ebd. 560, Anm. 5.
15 Ebd. 489.
16 Vgl. ebd. 270.
17 Zitiert ebd. 525.
18 Vgl. ebd. 526.
19 Ebd. 271.
20 Ebd.
21 Ebd. 271–272.
22 Vgl. ebd. 274.
23 Vgl. ebd. 277.
24 Vgl. Dietmar Grieser, Es ist nie zu spät, Wien 2010, 70–88, 72; Gert Kreutzer, Nonni als Lehrer und Missionar in Dänemark, in: ISLAND. Zeitschrift der Deutsch-Isländischen Gesellschaft 1 (1995) 1, 23–29.
25 Vgl. Guðmundsson, Nonni 527.
26 Vgl. ebd. 278.
27 Vgl. ebd. 527.
28 Vgl. ebd. 328.
29 Zitiert ebd. 329.

30 Zitiert ebd. 330.
31 Vgl. ebd. 300.
32 Ebd. 284 f.
33 Vgl. ebd. 528.
34 Vgl. ebd. 286.
35 Zitiert ebd. 291 (aus: Jón Svensson, Zwischen Eis und Feuer. Ein Ritt durch Island, Freiburg i.Br. 1954, 194–196).
36 Zitiert ebd. 301 (Jón schreibt dies infolge eines Gesprächs mit dem Direktor).
37 Jon Svensson, Nonni erzählt. Erlebnisse und Geschichten vom frohen Öresund, Freiburg i.Br. 1937.
38 Zitiert bei Guðmundsson, Nonni 302.
39 Vgl. ebd. 303.
40 Zitiert ebd. 309.
41 Ebd. 331.
42 Vgl. ebd. 309.
43 Vgl. ebd. 543.
44 Zitiert ebd. 309.
45 Vgl. ebd. 310.
46 Zitiert ebd. 312.
47 Zitiert ebd. 244.
48 So der Mitbruder Pater Muckermann, zitiert ebd. 313.
49 Vgl. ebd. 317.
50 Vgl. ebd. 320.
51 Mit 105 Seiten vgl. ebd. 533.
52 Zitiert ebd. 534.
53 Vgl. ebd. 324; das folgende Zitat ebd.
54 In einem Brief an die Mutter zitiert ebd. 326.
55 Ebd. 326.

4. Das eigentliche Leben

1 Vgl. Guðmundsson, Nonni 331.
2 Vgl. ebd. 536.
3 Zitiert ebd. 331f.
4 Eigentlich der „Erniedrigung".
5 Aus: Armandi Joannis de Rance, Vortreffliches Werck von der Heiligkeit und denen Pflichten des Klösterlichen Lebens, Augspurg, 1750, 192: indigne probatur aurum et argentum; homines vero receptibiles in camino humiliationis.
6 Zitiert Guðmundsson, Nonni 332.
7 Zitiert ebd. 433f. (in der Jesuitenzeitschrift „America" vom 17.10.1936, 44).
8 Ebd. 335.

9 Vgl. ebd. 535.
10 In einem Brief im Oktober 1913, zitiert ebd. 336.
11 Vgl. ebd. 344.
12 Vgl. ebd. 106.
13 Vgl. ebd. 107.
14 Vgl. ebd. 77.
15 Vgl. ebd. 107.
16 Vgl. ebd. 341.
17 So erzählt Sveinsson von seinen Seelsorgsbegegnungen 1915 in einem Mitteilungsblatt der deutschen Provinz, zitiert ebd. 340. 1915 ist Sveinsson 58 Jahre.
18 Ebd. 340.
19 Zitiert ebd. 342.
20 So auch der Generalsekretär des Bonifatiuswerkes Monsignore Georg Austen auf der Gedenkveranstaltung zum 160. Geburtstag von Jón Sveinsson auf dem Kölner Melaten-Friedhof, vgl. Theresa Meyer, Weltoffen und heimatverbunden, in: Biblio-Theke, 2/2018, 30–31.
21 Vgl. Guðmundsson, Nonni 345.
22 Hermann A. Krose, Jón Svensson, Ein Lebensbild „Nonnis" dargestellt nach seinen Tagebüchern, Freiburg i.Br., 1949, 178.
23 Guðmundsson, Nonni 347.
24 Vgl. ebd. 347 ff.
25 Vgl. ebd. 354.
26 Vgl. ebd. 375.
27 Vgl. ebd. 537.
28 Vgl. ebd. 355.
29 Vgl. ebd. 343.
30 Vgl. ebd. 534.
31 Vgl. ebd. 351.
32 So Jón Sveinsson an Pater Lauer am 8.8.1932. 1934 schreibt er an Meulenberg: „Ich hatte einen ganz jungen Obern unter dem ich furchtbar gelitten habe", vgl. Guðmundsson, Nonni 548 und 416.
33 Vgl. ebd. 417 ff.
34 Zitiert ebd. 418.
35 Zitiert ebd. 418.
36 Zitiert ebd. 420.
37 Vgl. ebd. 420.
38 Zitiert ebd. 421 f.
39 Vgl. ebd. 548, Anm. 70.
40 Zitiert ebd. 543, Anm. 15.
41 Vgl. ebd. 353.
42 Vgl. ebd. 539.
43 Vgl. ebd. 356.

44 Zitiert ebd. 358 (so schreibt Laxness 1923).
45 Ebd. 358 (aus: Halldór Laxness, Auf der Hauswiese. Roman, Berlin 1978, 122–123).
46 Ebd. 466.
47 Vgl. ebd. 540.
48 Vgl. ebd. 360.
49 Vgl. ebd. 360.
50 Vgl. ebd. 397.
51 Vgl. ebd. 545 (in einem Brief an Laxness am 20.6.1929).
52 Vgl. ebd. 358. Zum behutsam differenzierten literarischen Stellenwert Sveinssons vgl. Gert Kreutzer, Nonni und die isländische Literatur, in: ISLAND. Zeitschrift der Deutsch-Isländischen Gesellschaft, 1 (1995)1, 5–21.

5. Mit 80 Jahren um die Welt

1 Jón Svensson, Nonnis Reise um die Welt, Band I, Freiburg 1948, 7–12; vgl. Guðmundsson, Nonni 215.
2 Vgl. Svensson, Nonnis Reise um die Welt, Band I, 1–7.
3 Guðmundsson, Nonni 422. Vgl. zu Nonnis Besuch an der Sophia-Universität Klaus Luhmer, Von Köln nach Tokyo, Köln 2009, 55–56.
4 Vgl. Guðmundsson, Nonni 424.
5 Vgl. ebd. 432.
6 Vgl. 436 f.
7 Zitiert ebd. 437, aus: Jón Svensson, Nonnis Reise um die Welt I, Freiburg i.Br. 1951, 186.
8 Vgl. Guðmundsson, Nonni 438.
9 Ebd. 436.
10 Vgl. ebd. 440 f.
11 Vgl. ebd. 467.
12 Vgl. ebd. 452 f.
13 Vgl. ebd. 448; auch Brynhildur Pétursdóttir, Jón Svensson. Nonni. Leben und Werk, Akureyri 2011, 34–37.
14 Zitiert Guðmundsson, Nonni 449 f.
15 Vgl. ebd. 450.
16 Ebd. 450.
17 Zitiert ebd. 451.
18 Vgl. Jón Svensson, Nonnis Reise um die Welt II, Freiburg i.Br. 1949, 3–4; vgl. Guðmundsson, Nonni 451. Das folgende Zitat ebd. 453.
19 Vgl. Johann Wolfgang von Goethe, West-östlicher Divan, München 1982; vgl. dazu Ottmar Fuchs, Im Raum der Poesie. Theologie auf den Wegen der Literatur, Ostfildern 2/2015, 113–140.

20 Vgl. ders., Kontextualität und Pluralität. Programmatische Schlüsselbegriffe der Praktischen Theologie!, in: Bulletin ET 8 (1997) 1, 100–104; ders., Interkulturelle Begegnung auf den Wegen der Empathie, in: Bernd Jochen Hilberath, Clemens Mendonca (Hg.), Begegnen statt importieren. Zum Verhältnis von Religion und Kultur, Ostfildern 2011, 102–123.

21 Guðmundsson, Nonni 454. Zur Problematik der Erhörung bzw. der Erwählung vgl. Ottmar Fuchs, Wer's glaubt wird selig ... Wer's nicht glaubt, kommt auch in den Himmel, Würzburg 2012, 121–130; ders. Religiöse „Erwählung" – für welche soziale und politische Praxis?, in: Dirk Ansorge (Hg.), Der Nahostkonflikt, Stuttgart 2010, 86–120.

22 Zitiert Guðmundsson, Nonni 454, aus den Tagebüchern vom 6. April 1937.

23 Vgl. ebd. 454.

24 Zitiert ebd. 460 (aus Svensson, Reise um die Welt II, 191–192).

25 Vgl. ebd. 459 ff.

26 Vgl. ebd. 478.

27 Vgl. Jón Svensson, Nonnis Reise um die Welt, Band I und II, Freiburg i.Br. 1948 bzw. 1949, Nonnis Lebensfreund und Mitbruder Hermann Krose hat mit Hilfe der Tagebuchnotizen den 2. Band in wenigen letzten Kapiteln (40–44) zu Ende geschrieben. Japan selbst hat Nonni jedenfalls noch selbst zu Ende gebracht (bis Kap. 39).

28 Am 22.6.1935 in Nonnis Tagebüchern, zitiert Guðmundsson, Nonni 549, Anm. 90.

29 Vgl. ebd. 481.

30 Vgl. ebd. 484.

31 Zitiert ebd. 485.

32 Zitiert bei Jón Hjaltason, Nonni und das Nonni-Haus, Akureyri 1993, 71.

33 Guðmundsson, Nonni 486.

34 Ebd. 559, Anm. 117.

6. Lebensressource Island und Kindheit

1 Vgl. Guðmundsson, Nonni 125.

2 Vgl. ebd. 173.

3 Vgl. ebd. 132.

4 Vgl. ebd. 132.

5 Vgl. Ottmar Fuchs, Sie retten Augenblicke und entbergen Vergangenes, in: Hans-Walter Ruckenbauer (Hg.), Übergangenes / Von anderen Stätten. Fotografien von Manfred Koch, Ausstellungskatalog Universität Graz 2017, 45–55.

6 Im Brief an seine Mutter im März 1909, zitiert Guðmundsson, Nonni 330. Im August 1938 schreibt er in seinen Tagebuchblättern: „Ja, die Schläge, die ich immer hörte, wenn die Gefahr am größten war, kamen von Wesen aus der Geisterwelt“, Guðmundsson, Nonni 535.

7 Vgl. „Kjartans Gesicht“, in: Svensson, Sonnentage (1927), 57–86, vgl. Guðmundsson, Nonni 399.

8 Vgl. ebd. 367.

9 Vgl. Ottmar Fuchs, Der unendliche Raum „dahinter“, in: Diakonia 48 (2017) 2, 139–141.

10 Zitiert bei Guðmundsson, Nonni 372 (aus: Jón Svensson, Die Feuerinsel im Nordmeer, Freiburg i.Br. 1933, 121).

11 Vgl. ebd. 78 f.

12 Ebd. 73–74.

13 Zitiert ebd. 383 (in: Svensson, Nonnis Reise um die Welt I, 1955, 26 und 13).

14 Ebd. 383.

15 Zitiert ebd. 382 (aus: Svensson, Wie Nonni das Glück fand, 1934, 1–2).

16 Vgl. ebd. 151 f.

17 Vgl. ebd. 12 ff.

18 Eigentlich: Gräser sammeln. Zum Text vgl. Jónas Hallgrímssons, Band I. Poesie und Literatur, Reykjavik 1989, 281–298.

19 Vgl. Guðmundsson, Nonni 83–84.

20 Halldór Laxness. Auf der Hauswiese, Frankfurt a.M. 1981, 136.

21 Guðmundsson, Nonni 12.

22 Die Analogie dieser Überschrift zum Trost der Philosophie von Boethius scheint gar nicht so abwegig, denn Boethius befindet sich in bedrückender Gefangenschaft und sucht nach Trost im Schreiben seiner philosophischen Gedanken, vgl. Ernst Ludwig Grasmück, Philosophie als Trost?, Vorwort in: Boethius, Trost der Philosophie, Frankfurt a.M. und Leipzig 1997, I–XXXI. Zu ähnlichen Trostverhältnissen in der Romanliteratur und Poesie vgl. Ottmar Fuchs, Im Raum der Poesie, Ostfildern 2/2015, 30–34; ders., Wir haben Dich ausprobiert, o Gott!“ Im „Land aus Worten“ des Dichters Mahmud Darwisch, in: Theologische Quartalschrift 194 (2014) 4, 307–326.

23 Guðmundsson, Nonni 143.

24 Ebd.120.

25 Vgl. beispielsweise ebd. 172.

26 Ebd. 85.

27 Vgl. ebd. 80.

28 Vgl. ebd. 499 und 81.

29 Vgl. ebd.68.

30 Vgl. ebd. 65.

31 Zitiert ebd. 123 (das Zitat ist aus: Svensson, Nonni. Erlebnisse eines jungen Isländers, 1916, 181).

32 Ebd. 149.
33 Ebd. 165.
34 Ebd. 159 ff.
35 Ebd. 162.
36 Ebd. 173.
37 Ebd. 173.
38 Ähnlich Halldór Laxnes, vgl. Guðmundsson, Nonni 363.
39 Vgl. ebd. 363.
40 Ebd. 364–365.
41 Zitiert ebd. 374 (aus: Wie Nonni das Glück fand, 1934, 174).
42 Zitiert ebd. 356 (in Jón Svensson, Die Feuerinsel im Nordmeer, Freiburg i.Br. 1933, 67).
43 Ebd. 356.
44 Vgl. ebd. 365 und 541.
45 Vgl. Ann S. Masten· Mark D. Regnerus, Glen H. Elder, Jr, Staying on Track in School: Religious Influences in High- and Low-Risk Settings, in: Journal for the Scientific Study of Religion 42 (2003) 4, 633–649.
46 Vgl. Ann S. Masten, Resilienz. Modelle, Fakten und Neurobiologie. Das ganz normale Wunder entschlüsselt, Paderborn 2016, 147–170 und 189–208.
47 Vgl. Jackie Wullschlager, Inventing Wonderland. The Lives and Fantasies of Lewis Carroll, Edward Lear, J. M. Barrie, Kenneth Grahame, and A. A. Milne, New York 1996.
48 Vgl. Guðmundsson, Nonni 362.
49 Zitiert ebd. 541, Anm. 61 (so am 16.10.1940 in einem Brief).
50 Vgl. ebd. 376.
51 Ebd. 365–366.
52 Vgl. ebd. 381 ff.
53 Ebd. 480.
54 Vgl. ebd. 491.
55 Ebd. 491.
56 Ebd. 487.
57 Ebd. 488.
58 Vgl. ebd. 490.

7. Jesuit und Katholik: Entgrenzungen

1 Vgl. Jón Svensson, Nonni und Manni, Freiburg i.Br. 1949, 67–73
2 Guðmundsson, Nonni 511.
3 Vgl. ebd. 174 f.
4 Vgl. ebd. 175–176.1
5 Vgl. ebd. 502.
6 Vgl. ebd. 386.

7 Vgl. ebd. 543, Anm. 15.
8 Vgl. ebd. 389.
9 Vgl. ebd. 544.
10 Vgl. ebd. 392.
11 So am 22.6.1935 in seinen Tagebüchern, vgl. ebd. 403.
12 Vgl. ebd. 563.
13 Zitiert ebd. 465 aus einem Brief vom 6.3.1938.
14 Ebd. 411.
15 Vgl. ebd. 489. Vgl. Ottmar Fuchs, „Ihr aber seid ein priesterliches Volk". Ein pastoraltheologischer Zwischenruf zu Firmung und Ordination, Ostfildern 2017, 171–175.
16 Vgl. Guðmundsson, Nonni 488.
17 Ebd. 374.
18 Ebd. 473. In einem Brief vom 15.8.1938.
19 Vgl. ebd. 401.
20 Ebd. 403.
21 Vgl. ebd. 417.
22 Ebd. 394.
23 Vgl. ebd. 393 f.
24 Vgl. ebd. 407.
25 Vgl. ebd. 416 f.
26 Vgl. ebd. 399.
27 Vgl. ebd. 363.
28 Jón Svensson, Die Stadt am Meer, Freiburg i.Br. 1952 (1922), 8; vgl. auch Guðmundsson, Nonni 127.
29 Jón Svensson, Abenteuer auf den Inseln, Freiburg i.Br. 1952, 15f.
30 Vgl. Guðmundsson, Nonni 378.
31 Vgl. Ottmar Fuchs, Die Klage als Gebet. Eine theologische Besinnung am Beispiel des Psalms 22, München 1982; ders., Der zerrissene Gott. Das trinitarische Gottesbild in den Brüchen der Welt, Ostfildern 3/2016.
32 Guðmundsson, Nonni 474.
33 Vgl. Peter Eicher, Gottesfurcht und Menschenverachtung. Zur Kulturgeschichte der Demut, in: H.v. Stietencron (Hg.), Angst und Gewalt. Ihre Präsenz und ihre Bewältigung in den Religionen. Düsseldorf 1979, 111–136.
34 Guðmundsson, Nonni 435.
35 Ebd. 436 in Nonnis Tagebüchern vom 31.10.1936.
36 Vgl. ebd. 473 ff, in den Tagebüchern vom 30.11.1938.
37 Zitiert ebd. 479, in den Tagebüchern vom 14.5.1939.
38 Zitiert ebd. 479, in den Tagebüchern vom 11.6.1939.
39 Zitiert ebd. 479, in den Tagebüchern vom 15.12.1939.
40 Ebd. 479.
41 Zitiert ebd. 441 f; in den Tagebüchern vom 18.1.1937.

42 Vgl. Ottmar Fuchs, Ist „Gott“ ein „A…“? Zur „Lücke“ ungeschönter alltagssprachlicher Gotteskritik, in: Rainer Bucher, Renate Oxenknecht-Witzsch (Hg.), Was fehlt? Leerstellen der katholischen Theologie in spätmodernen Zeiten: ein Experiment, Würzburg 2015, 123–141.

43 Sveinsson in seinen Vorbereitungsnotizen, zitiert bei Guðmundsson, Nonni 314. Wahrscheinlich 1902 vorgetragen bei den Priestern und Brüdern der Maristen (des Montfort-Ordens).

44 Zitiert ebd. 532.

45 Zitiert ebd. 532.

46 Vgl. ebd. 314.

47 Zitiert ebd. 315.

48 Ebd. 315.

49 So ebd. 315.

50 Vgl. ebd. 492.

51 Vgl. Ottmar Fuchs, Die andere Reformation. Ökumenisch für eine solidarische Welt, Würzburg 2016, 2/2017, 75–98.

52 Guðmundsson, Nonni 491.

53 Analog und zugleich korrigierend zu Elias Canettis Einsicht: „Die schalen Religionen: die, hinter denen man keine Angst fühlt“, zitiert bei Peter Schüz, Mysterium tremendum. Zum Verhältnis von Angst und Religion nach Rudolf Otto, Tübingen 2016, 2.

Ausblick: Entgrenzungen bis in den Himmel hinein

1 Vgl. Heinrich Denzinger, Peter Hünermann, Kompendium der Glaubensbekenntnisse und kirchlichen Lehrentscheidungen, Freiburg i.Br. 1991 (DH), 1351. Die rigoristische Interpretation des Cyprian-Satzes „Extra ecclesiam nulla salus“ wurde lehramtlich durch Pius XII. im Jahre 1947 (DH 3866–3873) verurteilt und auf dem Zweiten Vatikanum (1963–1965) endgültig in der Einsicht widerlegt, dass weder die Glaubens- noch die Kirchengrenzen die Heilsgrenzen sind. Vgl. dazu den Beitrag von Jan-Heiner Tück, Extra ecclesiam nulla salus, in: ders. (Hg), Erinnerung an die Zukunft. Das Zweite Vatikanische Konzil, Freiburg i.Br. 2012, 202–247.

2 Vgl. Ottmar Fuchs, „Ihr aber seid ein priesterliches Volk“. Ein pastoraltheologischer Zwischenruf zu Firmung und Ordination, Ostfildern 2017, 183–216; ders., Identität und Wandel der Kirche – am Beispiel der Gendergerechtigkeit, in: UNA SANCTA 74 (2019) 1, 27–39.

3 Vgl. zum Folgenden ausführlicher meine Publikationen: Wer's glaubt, wird selig … Wer's nicht glaubt, kommt auch in den Himmel, Würzburg 2012; 2. Auflage als Topos TB 2015; Der zerrissene Gott. Das trinitarische Gottesbild in den Brüchen der Welt, Ostfildern 3/2016; Sakramente – immer gratis, nie umsonst, Würzburg

2015; Die andere Reformation. Ökumenisch für eine solidarische Welt, Würzburg 2/2017; Das Jüngste Gericht. Hoffnung über den Tod hinaus, Regensburg 2018; Mission und Pastoral in gegenseitiger Erschließung, in: Mariano Delgado u.a. (Hg.), Transformationen der Missionswissenschaft, St. Ottilien 2016, 166–181; Von der siegreichen Apologie zum verletzbaren Denken und Handeln, in: Bernd Elmar Koziel (Hg.), Apologie und Glaubensrechenschaft zwischen Konfrontation und Korrelation, Würzburg 2017, 383–403; Die Selbstabschaffung einer bestimmten Notwendigkeitsvorstellung macht christliche Mission notwendig, in: Jutta Koslowski, Andreas Krebs (Hg.), Mission zwischen Proselytismus und Selbstabschaffung, Leipzig 2017, 39–64; Rechtfertigungstheologie: differenzverschärfende Umfangung aller Differenz, in: Theologische Quartalschrift 197 (2017) 3, 235–256; Gottes Empathie als Basis der Seelsorge, in: Alt-Katholische und Ökumenische Theologie 2 (2017) 23–36; Unheilbar religiös: zum Heil oder Unheil?, in: Theresia Heimerl, Joachim Kügler (Hg.), Eine bessere Welt – ohne Religion?, Würzburg 2018, 150–167; Nag Hammadi: Eine liturgische Provokation für Inklusion, in: Diakonia 49 (2018) 4, 281–284.

4 Vgl. Thomas Bauer, Die Vereindeutigung der Welt. Über den Verlust an Mehrdeutigkeit und Vielfalt, Ditzingen, Stuttgart 8/2018.

5 Vgl. Ulrike Bechmann, Gemeinsam beten?, in: Jahrbuch für Biblische Theologie 32 (Gebet), Göttingen 2019, 279–298.

6 Dass der Schrei nach Rache auch ein Schrei nach Gerechtigkeit ist, verdeutlicht auch Klara Butting, Gott – lieb oder gerecht?, in: Bibel und Kirche 63 (2008) 4, 210–214.

7 Vgl. Dirk Ansorge, Gerechtigkeit und Barmherzigkeit Gottes, Freiburg i.Br. 2009, 35. Vgl. auch Ottmar Fuchs, Das Jüngste Gericht. Hoffnung über den Tod hinaus, Regensburg 2018, 44–101.

8 Vgl. Ansorge, Gerechtigkeit, mit Bezug auf den französischen Philosophen Vladimir Jankélévith, Verzeihen, in: Ralf Konersmann (Hg.), Das Verzeihen, Darmstadt 2003, 243–282, 275 f.

9 Zur „Unmöglichkeit Gottes“ vgl. Jean-Luc Marion, Jenseits von Frage und Antwort, in: Zur Debatte 42 (2012) 7, 17–19, 19 Sp. 2: „Es erweist sich daher als unmöglich zu sagen ‚Gott ist unmöglich‘, denn gerade die Unmöglichkeit, ihn zu begreifen …, kennzeichnet Gott ausdrücklich, genau und grundlegend.“

10 Friedrich-Wilhelm Marquardt, Was dürfen wir hoffen, wenn wir hoffen dürften? Eine Eschatologie, Bd. 2, Gütersloh 1994, 275.

11 Anders als Jürgen Moltmann, Sonne der Gerechtigkeit, in: Heinrich Bedford-Strohm (Hg.), „… und das Leben der zukünftigen Welt“. Von Auferstehung und Jüngstem Gericht, Neukirchen-Vluyn 2007, 30–47, 36: wo Moltmann den Zorn Gottes gegen die Gerechtigkeit Christi stellt.

12 Michael Schüßler, Mit Gott neu beginnen. Die Zeitdimension von Theologie und Kirche in ereignisbasierter Gesellschaft, Stuttgart 2013, 321.
13 Vgl. Johann Baptist Metz, Glaube in Geschichte und Gesellschaft, Mainz 3/1980, 149–158.
14 Schüßler, Mit Gott 320.
15 Zu meiner diesbezüglichen Biographie vgl. Rainer Bucher, Rainer Krockauer, Es geht nichts verloren. Ottmar Fuchs im Gespräch, Würzburg 2010; und Ottmar Fuchs, Die „Offenbarung" des „eindimensionalen Menschen". Ein politisches und theologisches Ereignis, in: Sebastian Holzbrecher u.a. (Hg.), Revolte in der Kirche? Das Jahr 1968 und seine Folgen, Freiburg i. Br. 2018, 71–80.